TROUVE

DU MÊME AUTEUR

Isaïe et le Prophétisme
Seuil

Jean Steinmann
Fleurus

La Mécanique vocale
in La Recherche, *septembre 1974*

LOUIS-JACQUES RONDELEUX

TROUVER SA VOIX

ÉDITIONS DU SEUIL
*25, bd Romain-Rolland, Paris XIVe*

ISBN 978-2-02-063981-1

www.seuil.com

Envoi

Ce livre est dédié
non aux satisfaits
mais aux petites têtes chercheuses
aux corps chercheurs
pour qui l'essentiel de la vie est
peut-être
d'avancer
Et particulièrement à Françoise
avec qui ce livre fut écrit
et à mes élèves
qui m'ont fait la confiance
d'avancer avec moi.

Ce livre n'est pas pour vous

si vous êtes satisfait de votre voix
si vous ne désirez pas d'une manière ou d'une autre la changer, la développer, améliorer sa qualité, sa force, sa résistance
si vous n'êtes pas décidé pour cela à un certain travail.

Ce livre peut vous aider

si vous avez un problème avec votre voix
si vous cherchez un guide capable de vous diriger sur le chemin de la transformation par vous-même de votre propre voix.

Je sais par expérience l'incroyable pouvoir qu'a l'homme de changer sa voix par un travail méthodique. C'est cette expérience que j'ai cherché à transmettre ici.

Vous trouverez dans ce livre

I. *100 exercices progressifs pour 8 semaines de travail : chapitres* I *à VIII*

J'estime que dans une première étape de construction de votre voix, il vous faut environ 24 heures de travail pour obtenir un véritable changement. Ces 24 heures sont réparties sur 8 semaines, au rythme de 5 à 6 séances de 30 minutes par semaine.

II. *Un guide pour un troisième mois de travail (chapitre* IX*)*

centré sur le perfectionnement de la voix et la prononciation.

III. *Une partie théorique (chapitre* X*)*

Vous trouverez l'essentiel de ce qu'il vous est nécessaire de connaître pour mieux comprendre votre fonctionnement vocal et les exercices que vous faites pour l'améliorer.
Je vous renverrai quand nécessaire à ce chapitre X, mais je vous conseille de le lire pendant les deux premières semaines de travail.

Renforcer, enrichir, changer sa voix en 24 heures de travail ?

Je suis sûr que cela est possible si vous le voulez vraiment. Il y faut essentiellement du travail et un guide. Je vous donne le guide.
A vous de jouer.

I

Première semaine

A. Conseils pratiques pour le travail de votre voix

Comment travailler sa voix tout seul? Les difficultés essentielles sont, à mon avis, psychologiques.

1. Êtes-vous vraiment décidé, décidé à vous y mettre, décidé à prendre 20 à 30 minutes de votre temps cinq à six fois par semaine? Si la décision est prise, si vous arrivez à vous engager dans un travail régulier, alors, tout est possible.

2. Pour travailler votre voix, il vous faut un *lieu*, et ce lieu peut être simplement votre chambre. Plus le lieu est grand, mieux ça vaut. Mieux vaut aussi qu'il ne résonne pas trop, ni ne soit trop sourd.

Ce lieu est relativement secondaire pourvu que vous puissiez y être seul. Nous touchons ici à ce que j'appelle la pudeur vocale. Il s'agit d'une sorte de complexe que la société nous a inculqué depuis l'enfance : il n'est pas « bien », pas « poli », d'élever la voix. Et si on trouve normal qu'un violoniste travaille son violon plusieurs heures par jour, quelle drôle d'idée de faire des exercices de voix!

Il faut que vous soyez seul dans la pièce où vous travaillerez, seul à vous débattre avec vous-même et avec votre voix. Mais, à moins d'une chance exceptionnelle, vous ne pourrez éviter d'être, de temps en temps, entendu. Tenez-en compte avant, en choisissant vos moments de travail en dehors des heures de sommeil de vos voisins immédiats. Mais ensuite, une fois que vous êtes lancé dans vos exercices, il faut arriver à abandonner cette pudeur vocale. Dites-vous que n'importe comment vous ne ferez pas plus de bruit que la TV ou la chaîne stéréo du voisin, et allez-y.

3. Si vous avez le lieu, si vous prenez le temps, je vous fournis un *guide*. Ce guide va vous prendre par la main à partir du premier jour, puis semaine après semaine pendant huit semaines. Pendant le premier mois, il faut lui faire entièrement confiance, suivre pas à

pas le chemin, ou l'un des chemins dans lesquels il vous entraîne.

Mais si je vous conseille fortement de suivre pas à pas le chemin dans lequel je vous mène, cela ne veut pas dire que vous deviez le suivre bêtement. J'essaie de vous expliquer le mieux possible non seulement les exercices mais le sens des exercices. Vous allez peu à peu comprendre dans votre corps votre fonctionnement vocal. En même temps, à l'aide du chapitre X, vous allez comprendre avec votre intelligence le sens des exercices. A partir du deuxième mois, je ferai de plus en plus appel à cette compréhension du travail, vous aurez de plus en plus d'initiative, de façon à être capable, le troisième mois, d'organiser votre travail vous-même en fonction de vos besoins.

4. Encore un détail pratique. Pour toutes les raisons que j'énumère aux chapitres IX et X (intensité vocale et hauteur, registres, tissu vocal, enrichissement vertical), je considère comme indispensable de travailler la voix dans la dimension de la hauteur. Il est nécessaire pour cela que vous ayez un instrument qui vous donne la hauteur musicale. Ce peut être un piano ou un guide-chant, si vous en avez. Sinon, achetez-vous un *pitch pipe* à curseur qui vous donne les notes de *do* à *do*.

5. J'emploie parfois un vocabulaire musical. En voici les éléments :

— Hauteur

— Intensité : va du « moins fort possible » (pianissimo) à « doucement » (piano) « moyennement fort » (mezzoforte) et « fort » (forte).

6. Si vous êtes plutôt rapide, léger, nerveux, je vous conseille de faire bien à fond les exercices : la patience active sera votre meilleure alliée.

Si, au contraire, vous êtes très tourné sur vous-même et hyper-consciencieux, ne vous laissez pas trop attarder à « pinailler » sur le détail des exercices, avancez sans crainte.

B. Premier jour de travail

La voix est fondée sur le souffle comme une maison sur ses fondations : plus les fondations sont larges, solides, puissantes, plus l'édifice pourra s'élever haut.

Pendant les quatre premières semaines, je vous demanderai de travailler votre respiration huit à douze minutes tous les jours. Soyez patients, je vous promets que ça en vaut la peine. Les exercices de respiration, non seulement vont vous permettre de développer votre voix, mais vont aussi agir sur vous, sur votre corps, sur votre personnalité.

Les grandes disciplines de l'Inde, du Tibet et de la Chine nous montrent en effet que le contrôle du souffle, sa rythmisation méthodique, d'abord consciente puis inconsciente, jouent sur l'ensemble de l'être humain, apportant une plus grande détente et concentration personnelle, un renforcement de l'énergie vitale et un meilleur équilibre psycho-somatique [1].

Aujourd'hui, premier jour de travail, nous consacrerons l'ensemble de la séance à une prise de conscience respiratoire et à la mise en place des premiers exercices.

I.1. *Prise de conscience de votre fonctionnement respiratoire-vocal.*

Avant de commencer le travail respiratoire proprement dit, je vous propose trois petits tests qui vous permettront de mieux *voir* comment fonctionne *votre respiration* et de commencer à en prendre conscience corporellement. Vous avez besoin pour cela d'une glace suffisamment grande pour pouvoir vous y voir de la tête aux cuisses.

J'utiliserai pour ces tests deux vers de Victor Hugo :

> La mer! Partout la mer! Des flots, des flots encor.
> L'oiseau fatigue en vain son inégal essor [2].

Vous commencez par répéter intérieurement trois ou quatre fois ces deux vers pour les savoir à peu près par cœur. Puis vous vous mettez torse nu ou complètement nu, de façon à pouvoir voir dans votre glace tous les mouvements de votre corps y compris ceux de votre ventre.

Test un : Vous dites le texte à voix haute, cinq ou six fois de suite, avec votre voix de conversation courante, en respirant après chaque virgule. En même temps vous observez soigneusement ce qui se passe dans votre corps.

1. A. Van Lysebeth, *Pranayama, la dynamique du souffle*, Paris, 1971. H. Maspero, « Les procédés de " nourrir le principe vital " dans la religion taoïste ancienne », *Journal asiatique*, 1937, p. 177-252, 353-430.
2. *Les Orientales*, t. I.

Test deux : Vous dites le texte, toujours à voix moyenne, mais cette fois vous enchaînez les deux vers d'une seule traite (en articulant bien), vous respirez brièvement, redites les deux vers d'une seule traite, etc. Vous dites ainsi cinq à six fois le groupe de deux vers en respirant le plus rapidement possible entre chaque groupe.

Test trois : Vous dites seulement les mots : « Des flots, des flots encor », mais vous les dites une première fois très doucement, une deuxième, un peu plus fort, etc., chaque fois un peu plus fort, en allant ainsi en dix ou quinze fois jusqu'au plus fort que vous pouvez.

Vous trouverez ci-après des *remarques sur les tests;* je vous prie de ne les regarder qu'après avoir fait les trois tests et noté soigneusement ce qui advenait alors dans votre corps (au niveau du ventre, de la cage thoracique, des épaules, du cou et du visage).

Remarques sur les tests.

Le test un est un test de respiration lente, tranquille. Dans ce cas, chez la plupart des élèves, je ne vois aucun mouvement, ni du ventre, ni du thorax, ce qui prouve qu'ils n'ont pas la voix véritablement fondée sur le souffle et l'activité du souffle.

Si la voix est fondée sur le souffle, cela va se voir. Non par une activité musculaire désordonnée ni par une crispation thoracique, mais par une détente du ventre à l'inspiration et un léger resserrement abdominal pendant l'émission sonore.

Le test deux demande un souffle relativement long (5 à 7 secondes) et une inspiration relativement rapide.

En général, l'inspiration est brutale, volontaire, avec remontée du thorax, contraction des épaules et du cou, parfois même de la tête. L'expiration suit un chemin symétrique : les côtes, qui étaient ouvertes dans l'inspiration, se referment brutalement, avec chute du thorax, pendant les deux premiers mots « la mer »; les vingt syllabes restantes sont alors dites avec un appui du souffle insuffisant et une voix détimbrée et maigre.

Avec de l'entraînement, vous arriverez à inspirer vite, dans une grande détente corporelle, par action de détente du ventre et du dos, le haut du thorax restant tout à fait libre. Et pendant l'émission sonore vous apprendrez, ou plutôt votre corps apprendra à retenir la chute des côtes par l'action conjuguée des intercostaux et du diaphragme. Ainsi arriverez-vous à tenir votre souffle et à aller jusqu'au bout des phrases les plus longues.

Le test trois demande le même travail inspiratoire que le précédent. Mais à l'expiration, plus les sons doivent être forts, plus les côtes doivent résister, au point d'être pratiquement immobiles et peut-être de s'élargir légèrement dans les sons très forts et brefs. Le débutant, au contraire, laisse tomber ses côtes et du coup s'étrangle dans les sons forts car il cherche à mettre dans la gorge l'énergie qu'il devrait mettre dans la ceinture abdominale et le diaphragme.

I.2. *Décontraction corporelle et respiration abdominale.*

Nous commençons par une série d'exercices couchés. Ils doivent être exécutés sur un terrain plat et relativement dur, ce qui exclut de les faire dans votre lit; un petit tapis ou une natte à même le sol sont parfaits.

Vous vous étendez sur le dos, les jambes un peu écartées, les bras de chaque côté du corps. Si vous êtes très cambré, quand vous êtes couché sur le dos vous avez un grand creux au niveau des reins; dans ce cas, vous pouvez, si vous y êtes plus à l'aise, remonter les genoux ou vous mettre un petit coussin sous les genoux. Si vous avez un pantalon (ou une quelconque ceinture) qui vous serre le ventre, il faut absolument l'ouvrir entièrement de façon à ce que votre ventre soit tout à fait libre de se mouvoir à l'aise. Ceci restera vrai pour tous les exercices.

a) *Première phase : décontraction.*

Dans cette position, vous commencez par vous détendre des pieds à la tête. Essayez de sentir peu à peu se relâcher tous les muscles, toutes les articulations de votre corps. Lâchez bien vos pieds, puis détendez les jambes, puis les genoux, puis les cuisses. Sentez ensuite votre bassin, le ventre, le bas des reins, puis le dos et la cage thoracique mous, chauds, lourds, comme écrasés contre le sol. Détendez les épaules, les bras, le cou, la nuque, la tête, la face, la mâchoire. Sentez alors la détente et l'immobilité de votre corps.

Pendant tout l'exercice vous devez être concentré dans votre corps, dans la sensation de détente corporelle, mais sans vous laisser endormir.

Cet exercice classique de décontraction a pour but de vous faire retrouver la respiration du bébé, celle-là même que la plupart des hommes ont encore dans le sommeil : la respiration abdominale. Si vous mettez un nourrisson sur le dos, vous voyez son ventre se soulever à l'inspiration et se serrer à l'expiration. De la même manière, quand vous avez fini l'exercice de relaxation, dans 80 % des cas l'ensemble du corps est immobile, seul le ventre monte et descend légèrement comme une sorte de petit piston.

Ici, deux hypothèses : 1) vous faites partie de ceux pour qui « ça marche » et vous poursuivez l'exercice. 2) « Ça ne marche pas », vous avez une telle habitude, une telle prédominance de respiration thoracique que même la relaxation ne peut vous en défaire. Ce n'est pas votre ventre mais votre poitrine qui se soulève et descend au rythme de votre respiration. Dans ce cas, il vous faut faire d'abord l'exercice I.6 prévu pour demain.

b) *Deuxième phase : respiration abdominale consciente.*

Fixez votre esprit intérieurement sur ce petit mouvement de piston de votre ventre, sur la sensation de va-et-vient de tension et détente musculaires.

c) *Troisième phase : respiration abdominale + son.*

Cherchez alors à faire un petit son (comme *ch...* prolongé ou *fff...*) à l'expiration, sans troubler le moins du monde votre mouvement du ventre. Continuez son va-et-vient tranquille. Ne cherchez pas à faire de grandes inspirations ni à faire durer le *ch...* longtemps. Cherchez seulement à rester détendu, à garder tranquillement le rythme de montée-descente de votre abdomen et à faire *ch...* avec l'air expiré.

La respiration abdominale est la respiration normale de l'homme au repos; c'est d'abord un acte réflexe, intuitif à l'enfant. Beaucoup d'entre nous la perdent complètement ou ne la gardent que pendant le sommeil. Dès qu'ils sont éveillés la tension de leur esprit, la peur physique de manquer d'air leur fait inverser ce mouvement naturel : au lieu de détendre le ventre ils tirent sur la poitrine. L'exercice I.2 vise à vous faire sentir une respiration spontanée et détendue pour que vous en preniez conscience d'abord corporellement et comme sensuellement avant d'apprendre à la maîtriser consciemment. Elle va être peu à peu retrouvée par votre corps et revécue spontanément : dans un mois ou deux au plus tard, pour certains dans une semaine, vous serez tout étonné de vous surprendre en train de respirer instinctivement par le ventre.

I.3. *Inspiration avec le ventre et le thorax.*

Quand on a besoin de peu d'air — comme moi en ce moment, en train d'écrire, ou quand je marche ou bavarde tranquillement avec un copain — la respiration uniquement abdominale suffit. Mais dès qu'on a besoin de plus de souffle, que ce soit pour une phrase longue, pour un son soutenu, ou pour chanter, la respiration purement abdominale ne suffit plus : il faut se remplir complètement d'air.

a. lâcher du ventre

b. soulèvement et ouverture du thorax

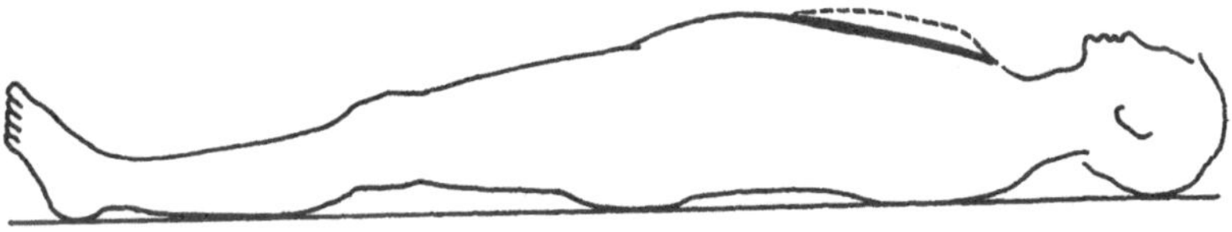

c. resserrement abdominal

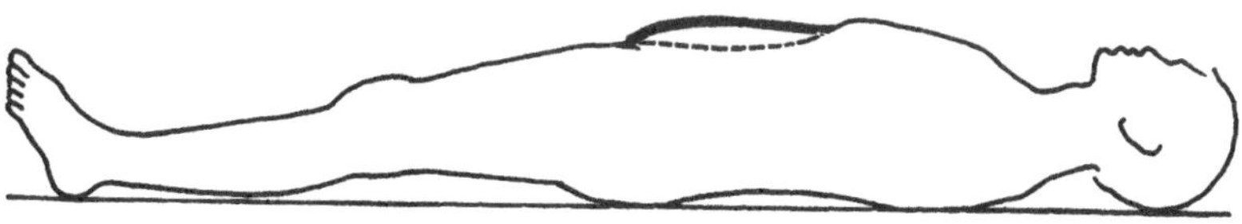

d. resserrement thoracique

Figure I.3

Cet exercice est la suite du précédent. Vous êtes couché sur le dos et vous respirez tranquillement avec le ventre. Essayez d'augmenter peu à peu l'amplitude du mouvement respiratoire : une seule chose est capitale c'est que votre mouvement inspiratoire commence par un lâcher du ventre et que votre mouvement expiratoire (souffler avec *ch*...) commence par un resserrement des muscles de l'abdomen. Il est préférable de poser une main sur le ventre (le gras du pouce au niveau du nombril) pour contrôler que les mouvements inspiratoires et expiratoires commencent bien au niveau du ventre.

Je dis bien « commencent », parce que, ici, vous ne vous contentez plus de prendre de l'air dans le ventre. Après avoir rempli le ventre, vous remplissez le thorax, puis chassez l'air du ventre et enfin du thorax, de façon à aboutir approximativement au rythme suivant :

a) Inspiration du ventre : laissez l'air entrer par détente du ventre (2 secondes).

b) Suite de l'inspiration du ventre; le thorax se remplit (2 secondes).

c) Suspension respiratoire (1 seconde).

d) Soufflez avec *ch*... en chassant l'air du ventre (2 secondes).

e) Puis en chassant l'air du thorax (2 secondes).

f) Arrêt de l'expiration. Restez en apnée. Attendez l'appel d'air et recommencez à (*a*). Recommencez le cycle sept fois (cf. fig. I.3).

I.4. *Respiration abdominale debout.*

Debout, le corps droit, les deux mains sont placées au niveau de la ceinture, les pouces en arrière, les doigts en avant vont presque se rejoindre, les index sont au niveau du nombril.

Commencez par bien détendre les épaules et le cou. Puis :

a) Soufflez en faisant *pch*... et en serrant de façon relativement énergique les muscles de l'abdomen. Videz-vous à fond.

b) Arrêt. Attendez l'inspiration.

c) Laissez l'air entrer dans le ventre qui se détend.

d) Léger arrêt (1 seconde).

Reprenez en (*a*).

Le mouvement de souffler en serrant l'abdomen doit être contrôlé, éventuellement aidé, par les mains.

Ne pas se préoccuper de ce qui peut advenir au thorax, s'il entre en jeu ou non. Se concentrer sur l'action abdominale et sa relation au *pch*... Quand vous soufflez, le *pch*... est déclenché par le resserrement de votre abdomen. Si vous avez de la peine à sentir cette contraction abdominale, demandez à quelqu'un de vous envoyer un coup de poing dans le ventre. Il peut arrêter le poing juste avant de cogner, la concentration instinctive de l'abdomen que vous sentirez alors est exactement ce qui doit déclencher votre *pch*...

J'imagine que, pour la plupart d'entre vous, les « vingt à trente minutes » consacrées à votre travail vocal sont maintenant dépassées. Alors, contentez-vous de lire les notes qui suivent et tâchez de trouver trois à quatre minutes, une ou deux fois dans la journée, pour faire l'exercice I.5.

Si vous avez encore du temps, je vous conseille de faire une première fois les exercices I.10 et I.11 prévus pour demain.

I.5. *Vers une respiration abdominale habituelle.*

La respiration abdominale est à la base de tout l'entraînement respiratoire parce que seule elle est capable de détruire l'habitude de la respiration thoracique forcée (chap. x) en imposant la détente du ventre au début du mouvement inspiratoire et l'activité abdominale au début du mouvement expiratoire. Si elle ne vous est pas naturelle (ce qui est la majorité des cas), je vous conseille de la pratiquer deux ou trois fois dans la journée.

Par exemple, vous êtes dans la rue, en train de marcher tranquillement ou d'attendre votre autobus, ou bien vous êtes chez vous, ou n'importe où, assis, le corps droit. Soufflez tranquillement, par resserrement lent et progressif des abdominaux, puis laissez l'air entrer (par la bouche entrouverte ou le nez) en détendant le ventre. Les premiers jours, il vaut mieux mettre la main sur le ventre pour contrôler ses mouvements mais très rapidement vous arriverez à les contrôler par vos sensations internes.

Faut-il respirer par le nez ou par la bouche?

Les cavités de l'arrière-nez sont des sortes de filtres qui arrêtent une partie des fines poussières contenues dans l'atmosphère. Donc, le plus souvent possible (et spécialement dans l'atmosphère polluée des villes) respirez par le nez, à l'inspiration comme à l'expiration. Dans l'entraînement à la respiration vocale, il faut toujours souffler par la bouche. Pour ce qui est de l'inspiration, notre inspiration nasale est liée à l'ensemble de nos tics respiratoires, c'est-à-dire qu'elle est généralement trop volontaire et forcée : on cherche à tirer l'air par le nez, la tête remonte, les narines se serrent, souvent même le passage de l'air déclenche une sorte de reniflement extrêmement vilain, etc. Pour l'instant, essayez de garder la bouche entrouverte et de laisser l'air entrer comme il veut, par le nez ou la bouche. D'autres exercices, dans les semaines qui viennent, vous demanderont de respirer exclusivement par la bouche, pour apprendre à bien détendre la mâchoire et la gorge. Nous travaillerons systématiquement la respiration par le nez à partir de la sixième semaine.

Mettons-nous de l'air dans notre ventre?

Je dis parfois « Laissez l'air entrer dans votre ventre » et certains esprits logiques peuvent s'inquiéter : « Mais qu'est-ce qui se passe, il n'y a pas de poumons dans le ventre? Comment peut-il se remplir d'air? » Certes oui, la respiration ne met jamais d'air que dans les poumons. Si je parlais un langage objectif et scientifique (comme dans le chapitre x) je devrais dire : « Vous lâchez les muscles de l'abdomen, les masses viscérales contenues dans le ventre s'élargissent et descendent, permettant à votre diaphragme de descendre (de 10 à 20 cm en son centre) et à vos poumons d'être tirés vers le bas, créant ainsi dans les bases pulmonaires une zone de basse pression qui va appeler l'air de l'atmosphère et le faire entrer dans les poumons. » Mais, dans le travail respiratoire et vocal, l'important est le langage de nos sensations; c'est celui-là que je parle quand je dis : « Laissez l'air entrer dans le ventre. »

Partie théorique.

Si vous ne l'avez déjà fait, je vous conseille de lire dans la semaine, au chapitre x, les paragraphes consacrés au souffle.

C. Séances 2 à 5

Je vous donnerai chaque semaine une séance type d'environ douze exercices, avec parfois des variantes pour tel ou tel cas. La première séance, le temps de lire chaque exercice et de voir comment il fonctionne, vous n'arriverez peut-être qu'au huitième exercice et vous n'arriverez peut-être à la fin des exercices qu'à la troisième séance. Pour vous aider à trouver le rythme de votre travail de chaque séance, je vous donnerai au début de chaque semaine un plan du travail avec le temps que j'estime normal de passer sur chaque exercice.

Première semaine

Plan du travail

A. RESPIRATION

I.6	Couché sur le dos. Respiration abdominale volontaire	2 à 3 mn
I.7.	Exercice préparatoire à l'inspiration	1 mn 30
I.8.	Couché sur le dos. Inspiration du ventre et du thorax	1 mn 30
I.9.	Couché sur le dos. Respiration globale	1 mn 30
I.10.	Debout. Respiration abdominale	1 mn 30
I.11.	Debout. Inspiration du ventre et du thorax	1 mn 30
I.12.	Debout. Respiration globale	2 mn

B. TRAVAIL DE L'APPAREIL VOCAL. SONS

I.13.	Détente de la mâchoire bouche ouverte	1 mn 30
I.14.	Détente de la mâchoire lèvres closes	1 mn
I.15.	Une sorte de mugissement gourmand	1 mn 30
I.16.	« Du mugissement d'une aimable génisse »	1 mn 30
I.17.	Exercices d'appels	2 mn

I.6. *Couché sur le dos, respiration abdominale volontaire.*

Vous êtes couché sur le dos, détendu, une main sur le ventre, le gras du pouce à la hauteur du nombril.

a) Vous soufflez en serrant la ceinture abdominale et en faisant *pch...* Soufflez à fond.

b) Arrêt de 2 à 3 secondes.

c) Laissez l'air entrer par détente de la ceinture abdominale.

d) Léger arrêt et recommencez en (*a*).

Continuez l'exercice pendant 1 à 2 minutes jusqu'à ce que vous sentiez que le mouvement se fait comme de lui-même, sans effort volontaire ni contention de l'esprit. Poursuivez alors pendant 1 minute.

Si vous avez de la peine à contrôler le resserrement des muscles de l'abdomen, mettez vos deux mains sur le ventre, les pouces sous les reins, et pressez volontairement la ceinture abdominale avec les doigts en même temps que vous soufflez, puis lâchez à l'inspiration. Vos mains aideront au début les muscles de l'abdomen jusqu'à ce que ceux-ci prennent conscience de ce qu'ils ont à faire : il s'agit d'amorcer la pompe pendant environ 1 minute jusqu'à ce que le mouvement se fasse de lui-même.

Prenez conscience de la détente corporelle et mentale, de la confiance et du repos que vous apporte ce premier contrôle de votre respiration.

Ne pas inspirer. Laisser l'air entrer.

Je suis obligé d'employer le mot « inspiration » parce qu'il n'y a pas d'autre terme en français pour désigner la phase respiratoire au cours de laquelle l'air entre dans les poumons; mais en vérité vous ne devez jamais penser à inspirer. Presque tous les débutants ont le complexe de manquer d'air. Ils sentent qu'ils ont besoin de s'en remplir au maximum et ils cherchent à tirer dans leur corps le plus d'air possible. D'où ces mouvements de contractions des épaules, du thorax, du nez, de la tête, que l'on rencontre souvent chez les mauvais chanteurs; d'où cet effort inspiratoire, cet état de tension psychique autant que musculaire qui se répercute immédiatement en contractions de l'ensemble de l'action vocale. En réalité, l'intervention de la volonté, l'effort pour tirer l'air par le nez, ne font que gêner l'entrée de l'air. Il suffit de détendre votre musculature abdominale et la chute de votre diaphragme crée à la base de vos poumons un appel d'air formidable : l'air se précipite de lui-même à l'intérieur de votre corps.

Il y a là un retournement complet par rapport aux exercices classiques de gymnastique respiratoire; vous ne devez pas « inspirer », chercher à tirer l'air en vous, mais seulement détendre le ventre et laisser l'air entrer.

I.7. *Exercice préparatoire à l'inspiration.*

Avant chaque exercice respiratoire, je vous demande de souffler, de vous vider complètement d'air et d'*attendre*.

Aujourd'hui, je vous demanderai de faire cet exercice préparatoire très à fond pour bien sentir dans votre corps ce qui s'y passe et quel doit être le début de votre mouvement inspiratoire.

Couché sur le dos, soufflez rapidement, videz-vous d'air au maximum et attendez, aplati sur le sol comme une galette, les muscles de l'abdomen vigoureusement serrés. Vous attendez. Quoi? Que votre corps réclame sa ration d'oxygène. Cherchez à le faire attendre longtemps, restez là, dans cet état de vide, au moins 4 secondes, plus si vous pouvez; et seulement quand votre corps réclame trop fort, quand vous sentez que ça lui devient vraiment nécessaire, alors lâchez les muscles de l'abdomen et l'air entrera de lui-même, plus ou moins vite selon la rapidité avec laquelle vous détendrez le ventre.

Faites l'exercice lentement, trois ou quatre fois, les deux premiers jours, pour bien prendre l'habitude de le faire ensuite, brièvement, au début de chaque exercice respiratoire.

I.8. *Couché sur le dos. Inspiration du ventre puis du thorax.*

Nous reprenons maintenant de façon plus systématique l'inspiration totale avec détente du ventre et ouverture thoracique commencée à la première séance (I.3).

Soufflez brièvement en vidant le plus d'air possible. Attendez. Puis :

a) Laissez l'air entrer en détendant le ventre (2 secondes) (Flèche A).

b) Dans le même élan, continuez en emplissant d'air votre cage thoracique (2 secondes).

c) Brève suspension respiratoire (1 seconde).

d) Soufflez simplement pour vider l'air. Pensez seulement à chasser l'air à fond en utilisant l'*activité* des muscles de l'abdomen (et non du thorax); Quand vous n'avez plus d'air à chasser au-dehors.

e) Suspension respiratoire. Attendez l'appel d'air et recommencez en (*a*).

Cette inspiration en deux temps a pour but de vous faire éviter de tirer l'air au niveau du sternum, en soulevant la poitrine et en contractant l'abdomen, ce qui vous amène à l'inspiration thoracique forcée qui empêche le diaphragme de descendre (cf. p. 162).

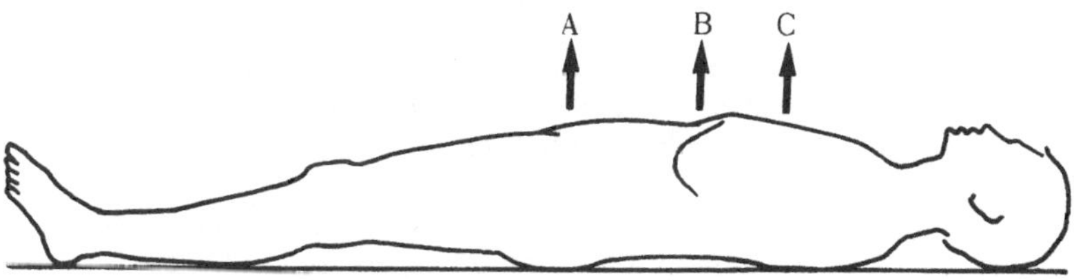

Figure I.8

Au début, un certain nombre d'entre vous détendront bien le ventre pendant la première partie de l'inspiration mais le contracteront à nouveau dès qu'il s'agira d'ouvrir le thorax. Ils se retrouveront ainsi à la fin de la deuxième étape inspiratoire (inspiration thoracique) dans une situation très voisine de l'inspiration thoracique forcée. La solution facile serait de laisser les côtes fermées et de tirer sur votre ventre jusqu'à en faire un gros ballon. C'est ce qu'on appelle la respiration abdominale pure. Ce n'est pas une bonne solution parce que, si votre diaphragme descend bien, la fermeture de vos côtes l'empêche de se dilater et les bases de vos poumons restent closes.

Cette difficulté à joindre la détente du ventre et l'ouverture des côtes vient de ce que vous avez l'habitude de serrer le ventre quand vous ouvrez les côtes. C'est une question de coordination musculaire et cérébrale; votre corps a pris l'habitude de joindre les deux actions. Il faut lui apprendre patiemment à dénouer cette synergie des deux systèmes musculaires.

Pour cela, essayez d'éviter, pendant la phase d'inspiration thoracique, de trop soulever le sternum selon la flèche C. Pensez au contraire que vous continuez pendant la phase (*b*) à prendre l'air par le haut du ventre au niveau de l'estomac comme l'indique la flèche B. Et, au lieu de soulever le thorax, cherchez à l'élargir, à ouvrir les côtes basses vers la droite et la gauche. Soyez patient, il faut compter plusieurs semaines pour parvenir à maîtriser ce mouvement inspiratoire et vous n'arriverez à une inspiration thoracique détendue qu'après le travail de respiration dorsale que nous ferons pendant la troisième semaine.

I.9. *Respiration globale.*

Cet exercice est comme l'autre versant du précédent : on n'y insiste plus sur le mouvement inspiratoire mais sur le mouvement expiratoire.

Couché sur le dos. Soufflez rapidement, videz-vous, attendez.

a) Laissez l'air entrer dans le ventre puis les côtes, dans un mouvement relativement rapide (2 secondes).

b) Brève suspension du souffle (1 seconde).

c) Soufflez lentement pendant 4 secondes en faisant *pch...*, en resserrant progressivement l'abdomen : deux secondes sans que le thorax bouge, puis deux secondes en laissant tomber la cage thoracique.

d) Arrêt. Attendez l'appel d'air et recommencez en (*a*). Faites l'exercice une douzaine de fois.

Aujourd'hui, faites simplement l'exercice comme ci-dessus. Les jours suivants, essayez d'allonger progressivement la première partie de (*c*). Soufflez sans mouvement des côtes pendant 2, 3, 4 secondes. Puis lâchez les côtes et videz-vous.

I.10. *Debout. Respiration abdominale.*

Reprenez ensuite un des exercices de respiration du ventre debout (d'abord I.4, puis, à la troisième séance, l'une des versions de I.5).

I.11. *Debout. Inspiration du ventre et du thorax.*

Il faut que vous régliez votre temps de travail de façon à passer environ la moitié de votre temps sur le travail respiratoire et l'autre moitié sur le travail de l'appareil vocal et des sons. Si donc vous avez déjà dépensé une bonne moitié de votre temps, passez directement à l'exercice de détente de la mâchoire en I.13. Vous ferez demain les exercices I.11 et I.12. Si, au contraire, vous êtes très rapide et avez encore du temps, faites tranquillement ces deux exercices.

Les exercices I.11 et I.12 (respiration globale) sont les mêmes que I.6 et I.7; ils sont seulement un peu plus difficiles parce que vous devez les faire debout.

Debout torse nu devant une grande glace. Soufflez. Videz tout.

a) Laissez l'air entrer en détendant le ventre. Remplissez votre ventre (2 secondes) puis,

b) Ouvrez les côtes et remplissez le thorax en laissant le ventre détendu (vous avez l'impression qu'il pend) (2 secondes).

c) Suspension respiratoire.

d) et *e*) Videz-vous en commençant par le ventre. Arrêt. Reprendre en (*a*). Faites l'exercice quatre à cinq fois. Laissez les bras et les épaules bien détendus. Contrôlez le mouvement dans la glace.

I.12. *Debout. Respiration globale.*

Vous êtes debout devant une glace, comme en I.11. Soufflez. Videz tout.

a) et *b*) Laissez l'air entrer dans le ventre et le thorax, comme en I.11, mais plus rapidement :

a) 1 seconde.
b) 1 seconde.
c) Arrêt, 1 seconde.
d) Soufflez lentement, en resserrant doucement les muscles de l'abdomen (2 à 3 secondes).
e) Laissez tomber les côtes et videz tout (1/2 seconde). Arrêt.
Faites l'exercice de cinq à sept fois.

Détente de l'appareil vocal.

Nous avons fini pour aujourd'hui les exercices de respiration. Je vous conseille cependant de caser dans votre programme quotidien deux ou trois temps pendant lesquels vous ferez I.5, éventuellement I.8. et I.9.
J'aborde maintenant une autre partie du travail qui est la détente de l'appareil vocal proprement dit.
Nous verrons au chapitre x, que la puissance de la voix (sa matière, avoir une voix qui a « du corps », du grave) dépend en grande partie des résonateurs mis en jeu et en particulier de la dimension de l'ouverture du fond de la gorge. Or le volume de la gorge (ce qu'on appelle pharynx postérieur) est changeable et changeant : sa taille dépend essentiellement de muscles. Il faut donc dès le début du travail entraîner cette ouverture de la gorge.
Le serrement de la gorge est toujours lié au serrement de la mâchoire. C'est pourquoi nous commencerons par travailler la détente de la mâchoire.

I.13. *Détente de la mâchoire, bouche ouverte.*

Mettez-vous devant une glace. Prenez votre mâchoire avec la main et tirez dessus pour l'ouvrir à fond. Il faut aller sans brutalité au-delà du moment où quelque chose « casse » dans la mâchoire. Ce n'est pas inquiétant, les muscles sont prévus pour. C'est seulement l'os de la mandibule qui sort de son alvéole. Il est important d'aller au-delà de ce point car le but de l'exercice est d'allonger les muscles qui attachent la mâchoire supérieure à la mâchoire inférieure (fig. I.13).
a) Faites l'exercice vingt fois en vous regardant dans la glace. C'est la main qui est active, la mâchoire est passive. Autant que possible cherchez à ce que la langue ne soit pas avalée mais reste détendue, comme posée sur les dents ou à la racine des dents inférieures.
b) Refaites le même exercice vingt fois en fermant les yeux et en cherchant à *sentir* la détente de la mâchoire et de la langue.

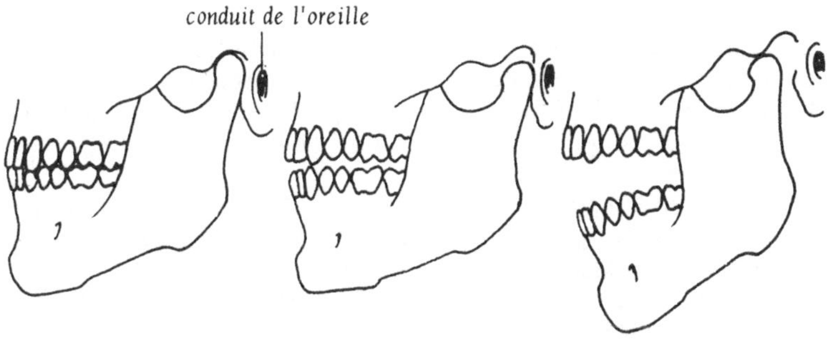

a. mâchoire fermée b. mâchoire détendue c. mâchoire grande ouverte

Figure I.13

Cherchez à ce que la mâchoire ne pointe pas en avant mais descende en restant le plus près possible du cou, comme si vous avaliez la mâchoire dans le cou.

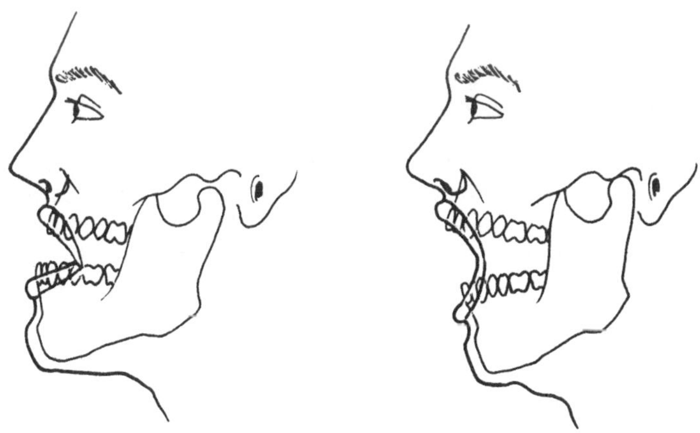

non pas **mais**

Figure I.13

I.14. *Détente de la mâchoire avec fermeture des lèvres.*

Laissant les lèvres closes, vous ouvrez la mâchoire le plus que vous pouvez, si possible autant que dans l'exercice précédent.
Faites l'exercice vingt fois en essayant que les lèvres soient détendues ainsi que la langue qui reste posée sur les dents inférieures.

Interdépendance des muscles vocaux.

a) Laissez pendre votre mâchoire, la bouche ouverte, la langue molle et détendue, comme si vous étiez à demi gâteux.
b) Puis, dites : *ma, ma, ma.* Vous sentez que votre mâchoire se ferme chaque fois que vous prononcez le /*m*/. Pourtant, si vous tenez votre menton avec votre main, vous pouvez très bien dire *ma, ma, ma* sans bouger la mâchoire.
c) Revenez dans la position (*a*) et rapprochez vos lèvres en forme de petit groin comme pour souffler une bougie : vous sentez que ce mouvement des lèvres est accompagné par un resserrement du corps de la langue absolument inutile.
Vous le voyez, la commande des muscles de l'appareil vocal est programmée de façon très globale et imprécise : nous n'avons nul besoin de rétrécir la langue pour serrer les lèvres, pourtant nous le faisons, nous n'avons nul besoin de fermer la mâchoire pour prononcer /*m*/, pourtant nous le faisons,... Il faudra entraîner à la fois la précision des muscles et leur indépendance.

I.15. *Une sorte de mugissement gourmand.*

Les sons de notre langue maternelle sont grevés de lourdes hypothèques. C'est pourquoi je préfère que vous commenciez par faire des sons *non vocaliques*, sans penser une voyelle précise.

a) Laissez les lèvres closes et ouvrez puis fermez sans arrêt la mâchoire, la passant même à droite et à gauche alternativement, comme un bœuf ruminant. Ce mouvement doit être continu et vous devez le maintenir aussi bien à l'inspiration qu'à l'expiration.

b) Inspirez par le nez, les narines grandes ouvertes comme si vous sentiez la merveilleuse odeur d'un plat succulent. Jouez le jeu à fond en *imaginant* vraiment l'odeur d'un de vos plats favoris.

A l'expiration, faites une sorte de *m*... de plaisir, en cherchant à faire descendre puis monter ce *m*... dans un crescendo gourmand.

I.16. *Mugissement véritable.*

Vous commencez le *m*... comme dans l'exercice précédent mais vous le laissez s'épanouir (en ouvrant un peu la bouche) dans des sons animaux assez voisins du mugissement d'une aimable génisse. Ne cherchez pas la force mais plutôt le plaisir de ces sons qui vous remplissent le cou, le corps et montent de plus en plus dans votre tête.

Il est probable que le deuxième jour, avec la lecture et la mise en place des exercices, vous ne pourrez dépasser cet exercice-ci. Peut-être même serez-vous obligé de vous arrêter avant. Ce n'est pas grave. Demain, vous enchaînerez plus rapidement les exercices précédents et parviendrez certainement jusqu'au dernier.

I.17. *Exercices d'appels.*

Pour terminer cette première semaine, je vous propose quelques exercices d'appels.

a) « *Le magasin vide.* »

Vous entrez dans un magasin, mercerie, droguerie, bazar de campagne où des portants viennent transformer la boutique en une sorte de labyrinthe, empêchant de voir s'il y a quelqu'un ou non.

Aussitôt entré, ne voyant personne, vous faites un *hum, hum* pour signaler votre présence. Rien ne répond et vous appelez, à deux ou trois reprises, un peu plus fort. Toujours rien. Vous commencez à vous énerver, vous avancez dans la boutique et appelez de plus en plus fort. Vous pouvez faire vos appels sur un son voisin de /*o*/, ou choisir ce qui vous vient à l'esprit : « Y a quelqu'un? », « y a personne? »...

Faites vraiment l'exercice. A fond. L'important, ce sont les appels, de plus en plus forts, et votre motivation imaginaire. Vous pouvez créer ce magasin ou un autre lieu où vous venez chercher quelque chose ou quelqu'un; mais vous devez avoir un choix imaginaire précis.

Jouez le personnage pour vous tout seul. N'ayez pas peur de faire du bruit, d'être ridicule. C'est le moment de casser la glace. Tant que vous vous laissez enfermer dans une fausse notion de self-respectabilité, vous aurez peur de sortir votre voix. Dites-vous bien que l'interdiction « d'élever la voix » que nous a imposé la société dans laquelle nous vivons, est une des plus scandaleuses brimades que notre pseudo-civilisation fait subir aux enfants; c'est littéralement une castration vocale. Alors, commencez tout de suite, chez vous, à lever l'interdit et faites gaiement le jeu du magasin.

Vous pouvez le faire deux ou trois fois de suite, si vous en avez envie et si votre imagination fonctionne de mieux en mieux.

b) *Appels dans la campagne.*

Je pense que vous aurez pu faire « le magasin vide » à votre troisième ou quatrième séance. Pour la dernière séance de la semaine, je vous propose le jeu suivant. Il est plus facile à faire dans une grande pièce.

Vous placez à un bout de votre lieu de travail une chaise : elle représente un ami ou une amie. Mettons que votre pièce ait 4 m 50 de long.

- Vous reculez de 1 m 50. Vous vous imaginez dans la campagne, devant une petite rivière, de l'autre côté, votre ami(e) : vous l'appelez : « Oho. » Il ne répond pas et vous essayez un peu plus fort; cette fois il vous entend.
- Vous reculez encore de 1 m 50. Cette fois-ci, c'est un grand fleuve qui vous sépare. Par exemple, la Seine à Paris. Vous appelez fort « Oho! » ou « Eho! ». Pas de réponse. Vous vous détendez, respirez tranquillement du ventre, et donnez toute la gomme : « Oho...ho. » Ça y est, il tourne la tête.
- Vous reculez au fond de votre pièce. Vous êtes maintenant séparés par un grand lac, ou bien chacun sur le sommet d'une montagne, séparés par une grande vallée. Et vous avez absolument besoin d'attirer son attention. Vous mettez vos mains en porte-voix, vous donnez toute la voix que vous pouvez. Vous choisissez le son qui vous convient le mieux « Eho...ho », ou « Ohé...hé », et deux, trois fois, vous appelez très fort. N'ayez pas peur d'aller jusqu'à une sorte de cri. Essayez aussi de tenir un peu le son; c'est comme ça qu'il portera le mieux. Pour que votre appel soit juste et ne vous fatigue pas, il faut détendre et ouvrir la gueule, et ramasser toute votre énergie dans le ventre.

II

Deuxième semaine

Vous voici avec une semaine de travail derrière vous. J'espère que vous avez trouvé votre lieu de travail, votre rythme, votre façon de travailler. Sinon, je vous conseille de relire le début du chapitre I.

Deuxième semaine

Plan du travail

A. RESPIRATION

II.1.	Couché sur le dos. Respiration du ventre	1 mn
II.2.	Couché sur le dos. Grande inspiration lente	2 mn
II.3.	Couché sur le dos. Allongement de l'expiration sonore	2 mn
II.4.	Prise de conscience de l'action diaphragmatique (à faire seulement le premier jour)	3 mn
II.5.	Couché sur le ventre. Respiration du dos	1 mn 30
II.6.	Debout. Respiration du ventre	1 mn 30
II.7.	Debout. Allonger l'expiration sonore	1 mn 30

B. APPAREIL VOCAL ET SONS

II.8.	Bâillements et ouverture de la gorge	1 mn
II.9.	Bâillements et soupirs d'aise	1 mn
II.10.	Mâchoire gâteuse et sons sur */ble/*	1 mn 30
II.11.	/0/ inspiré et expiré	1 mn 30
II.12.	/0/ tenu sur *do, ré, mi*	2 mn 30
II.13.	Liste Môle	2 mn 30

La respiration du ventre vous est plus facile. Encore une ou deux semaines, et elle vous deviendra tout à fait naturelle. Votre mâchoire commence à s'assouplir et votre gorge à s'ouvrir. Nous continuerons cette semaine à avancer dans ces directions : travail du souffle, détente de la mâchoire et ouverture de la gorge. Nous commencerons à travailler l'impulsion du souffle et du son (II.13). Et nous nous engagerons dans trois nouvelles directions de travail : la respiration du dos (II.5), les sons avec hauteur musicale précise (II.12) et les premiers sons-voyelles avec la voyelle */o/*.

II.1. *Couché sur le dos. Respiration du ventre.*

Vous êtes couché sur le dos, très détendu.
a) Respiration tranquille du ventre avec un petit *ch...* à l'expiration.
b) Prendre un rythme : Souffler *ch...* ou *pch...*, (3 secondes). Arrêt (1 seconde). Laisser l'air entrer (3 secondes). Arrêt (1 seconde).
Si besoin est, gardez une main sur le ventre pour contrôler son mouvement. Pensez à détendre votre tête, le cou, la mâchoire.

II.2. *Couché sur le dos. Grande inspiration lente.*

Ceci est la première partie de l'exercice de Farinelli, le plus célèbre chanteur du XVIIIe siècle, dont le souffle était presque inépuisable. Cet exercice va augmenter petit à petit la quantité d'air que vous pouvez inspirer. Mais il est aussi très important par un autre aspect : le développement de la sensation corporelle.

Vous êtes couché sur le dos, bien détendu. Commencez par souffler en vous vidant complètement. Attendez l'appel d'air et laissez l'air entrer. Mais au lieu de laisser l'air entrer librement comme la semaine dernière, vous le laissez entrer par la bouche en le retenant comme si vous aspiriez une boisson avec une paille. L'entrée de l'air est très lente et vous sentez progressivement votre ventre, vos reins, votre estomac se dilater, puis c'est le tour des côtes basses, du thorax (devant et dos). Cherchez à unifier le mouvement d'élargissement du ventre et celui de la base thoracique.

Vous aspirez ainsi pendant 7, 8, 12 secondes. Puis vous faites un léger arrêt (suspension du souffle) de 2 secondes et vous soufflez tout cet air, assez rapidement, en cherchant seulement à vider d'abord le bas du ventre.

Cet exercice est assez fatigant au début. Vous y pompez une grande quantité d'oxygène et il peut arriver que la tête vous tourne un peu. Faites-le trois à quatre fois, en intercalant entre chaque grande inspiration 15 à 20 secondes de détente avec respiration abdominale.

II.3. *Couché sur le dos. Allongement de l'expiration sonore.*

L'exercice précédent est le développement de la grande inspiration lente de la semaine dernière (I.8). Celui-ci reprend également l'exercice de respiration totale de la semaine dernière (I.9) en insistant sur la durée de l'expiration.

Comme d'habitude, vous commencez par souffler et vous vider complètement. Puis l'exercice se déroule en quatre temps de durée inégale.

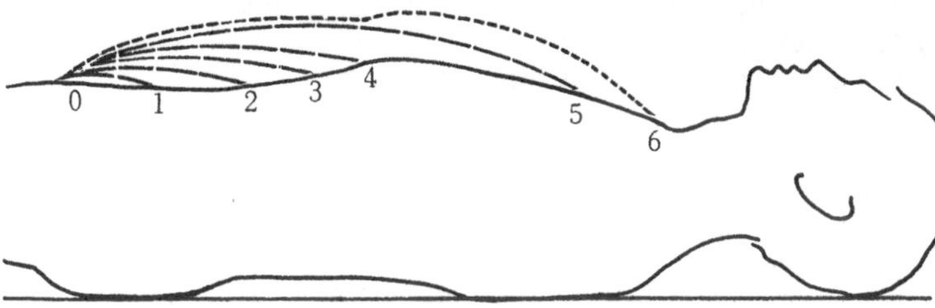

Figure II.2

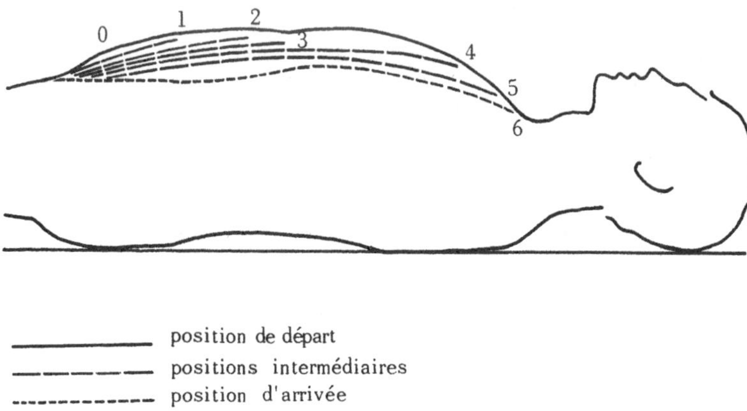

Figure II.3

a) Grande inspiration ventre et côtes (2 secondes).
b) Suspension du souffle (1 seconde).
c) Soufflez lentement en resserrant progressivement les muscles de l'abdomen et en faisant un bruit continu du type *ch*...
d) Arrêt. Non compté. Attendre l'inspiration qui démarre du ventre.

Le jeu consiste à prolonger le plus longtemps possible la phase (*c*). Vous devez arriver à tenir au moins 4 secondes et essayer de prolonger petit à petit jusqu'à 8 ou 10 secondes. Pour prolonger l'émission du son, il faut lâcher le moins d'air possible. Vous apprendrez plus tard à retenir l'air avec votre diaphragme. Pour l'instant, il faut d'abord vous entraîner à allonger la durée de votre expiration en retenant l'air au niveau de la barrière des dents. Vous pouvez faire un son voisin de *sssss* ou de *chchchch* ou de *fffff*, le principal est que vous arriviez à prolonger ce son le plus régulièrement possible. Choisissez le type de son qui vous permettra le mieux d'avoir la mâchoire légèrement ouverte et détendue.

Faire l'exercice cinq à sept fois.

Travail du dos.

Nous commençons maintenant une nouvelle direction de travail, l'utilisation du dos dans la respiration.

Nous avons tous tendance à nier notre dos. Que nous examinions notre corps dans la glace ou directement, nous n'en voyons que la moitié antérieure. Le dos, lui, est comme notre ombre; c'est la partie cachée de notre être, il nous est pratiquement inconnu. Aussi, nous avons fortement tendance, dans le travail respiratoire, à le considérer comme une planche soutenue par une barre : la colonne vertébrale.

En vérité, notre dos est flexible, comme une sorte de collier de billes, grâce à la petite liberté que chaque vertèbre a par rapport à celle qui la précède et à celle qui la suit. Dès qu'il y a blocage des vertèbres, il y a blocage mental et limitation vocale. (La formule fonctionne d'ailleurs dans tous les sens et je pourrais dire également « dès qu'il y a blocage mental, il y a blocage vertébral et vocal », et « dès qu'il y a blocage vocal, etc. »). Tout est lié, et pour en revenir à la voix je ne saurais assez vous conseiller de prendre 3 à 4 minutes tous les matins pour faire l'exercice d'assouplissement que vous trouverez à la fin de cette semaine (II.14).

Avant de commencer le premier exercice du dos, je vous conseille de faire ce petit test qui va vous permettre de prendre conscience de votre diaphragme à la fois devant et dans le dos.

II.4. *Prise de conscience corporelle de l'action diaphragmatique* (à faire seulement le premier jour).

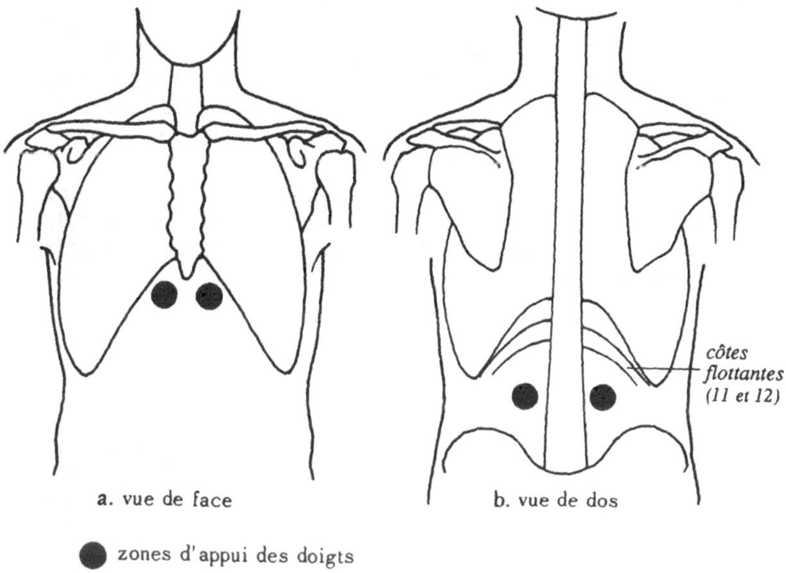

Figure II.4.a *Figure* II.4.b

Vous vous mettez debout torse nu et vous enfoncez les trois grands doigts (index, majeur, annulaire) des deux mains dans le haut du ventre, de part et d'autre d'une ligne imaginaire prolongeant le sternum (cf. fig. II.4.a). N'ayez pas peur d'enfoncer fermement les doigts. Puis, toussez deux ou trois fois. Vous sentez qu'à chaque toux quelque chose vient pousser vos doigts, les chasser vers l'extérieur.

Que se passe-t-il? Vous savez (cf. chap. x) que le diaphragme est une sorte de chapeau-cloche. Vos poumons, au moment de la toux, appuient de haut en bas sur le diaphragme. Mais le diaphragme est appuyé lui-même sur les viscères inférieurs et transforme partiellement cette pression de haut en bas en mouvement horizontal. Dès lors, le bord du chapeau diaphragmatique (fig. X.8) presse les abdominaux vers l'extérieur.

Continuez l'expérience : enfoncez nettement les trois doigts de chaque main dans le bas du dos, dans la partie molle située entre les côtes flottantes et le sacrum, le plus près possible de la colonne vertébrale (fig. II.4.b). Toussez trois ou quatre fois. Vous sentirez de nouveau à chaque toux une pression nette qui repousse vos doigts vers l'extérieur. C'est qu'en effet le bord du diaphragme n'est pas horizontal. Il descend nettement d'avant en arrière et vient s'accrocher, dans le dos, aux côtes flottantes et au sacrum. Quand vous toussez, vous sentez de nouveau son bord qui vient, pour la même raison que tout à l'heure, presser vos doigts vers l'extérieur.

Vous sentez mieux maintenant comment le dos peut être amené à jouer un rôle capital dans l'acte respiratoire et dans l'acte vocal, puisque l'action du dos vous permet d'ouvrir et d'étaler considérablement la surface diaphragmatique (fig. II.4.c).

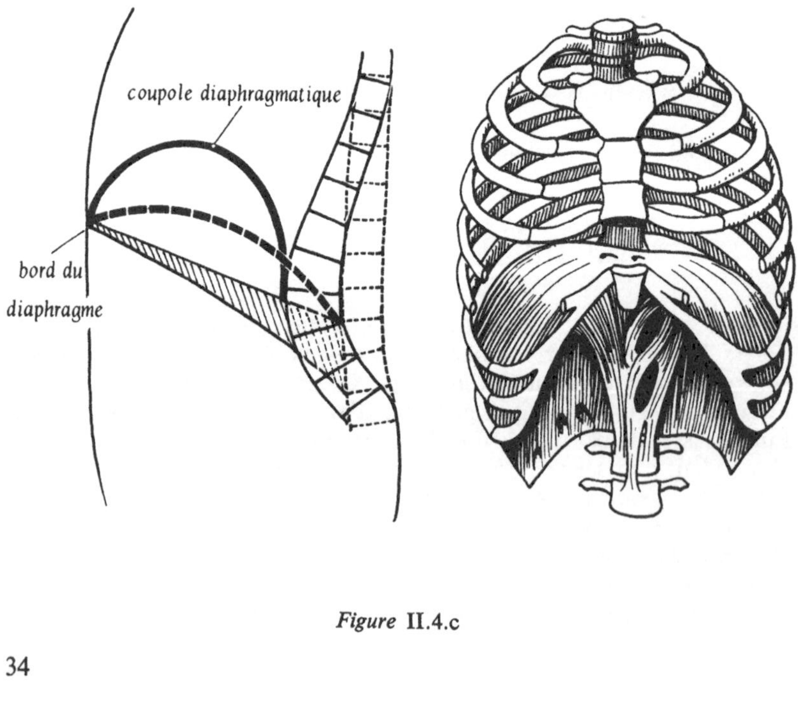

Figure II.4.c

II.5. *Couché sur le ventre. Respiration du dos.*

Vous vous étendez sur le ventre, la tête sur le côté, les bras le long du corps. Essayez d'y trouver une position relativement confortable et détendue.

Commencez par souffler, videz tout. Puis aspirez l'air lentement en tâchant de faire monter vos reins vers le plafond. On a l'impression que les reins, pratiquement au niveau de la taille, se soulèvent et s'ouvrent (fig. II.5.A), et effectivement le creux de la colonne vertébrale se soulève tandis que les côtes flottantes, là où vous avez enfoncé les doigts, de part et d'autre de la colonne, s'ouvrent comme deux volets symétriques ou deux ailes. Inspirez à fond. Arrêt. Soufflez lentement en serrant régulièrement de haut en bas et des extrémités vers le centre les muscles des reins (fig. II.5.B). Videz-vous à fond pour prendre conscience, éventuellement par une certaine douleur, des muscles qui pressent vos reins sur le sol.

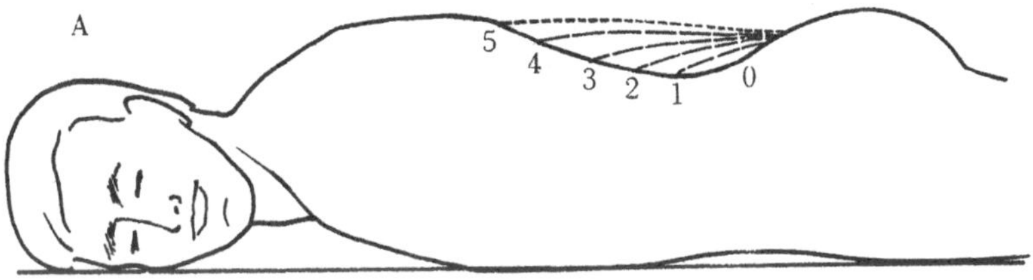

Figure II.5.A

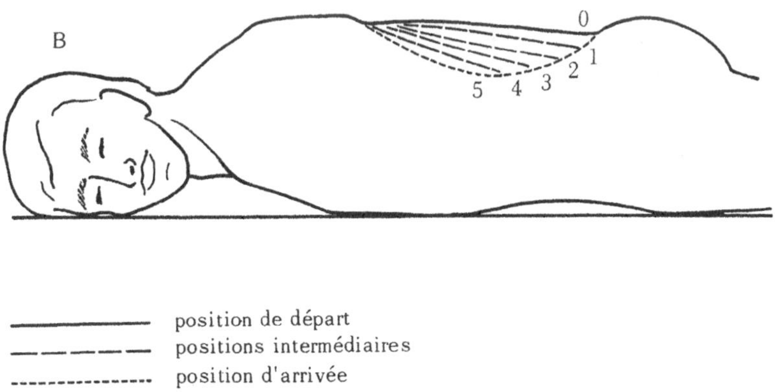

Figure II.5.B

A l'inspiration, essayez de soulever uniquement les reins, non le torse et les omoplates. Si le ventre pousse un peu le sol c'est normal. L'important est de prendre conscience dans votre corps des muscles qui agissent au bas de votre dos, tant à l'inspiration qu'à l'expiration. Il faut donc pousser leur action le plus loin possible pour bien les sentir.

Cet exercice recoupe de façon étonnante ce qui fut pendant longtemps la meilleure méthode de respiration artificielle pour secourir les noyés (cf. par exemple le *Larousse médical* de 1925, p. 102).

II.6. *Debout. Respiration du ventre.*

Reprenez debout la respiration du ventre comme en I.4 ou I.5, mais en introduisant des mouvements : vous marchez, vous restez en équilibre sur un pied, vous sautez à cloche-pied. Essayez qu'un léger essoufflement ne dérange pas votre action respiratoire. Essayez aussi de rythmer la respiration sur les mouvements (par exemple, de rythmer, en marchant, votre souffle sur vos pas).

II.7. *Debout. Allonger l'expiration sonore.*

Vous ne devez pas donner plus de la moitié de votre temps au travail respiratoire. Si cette moitié est déjà atteinte, passez directement à l'exercice suivant.

L'exercice II.7 consiste à reprendre exactement l'exercice II.3, mais cette fois en étant debout. Comme l'exercice II.6 vous pouvez le faire avec des mouvements, à condition que ce soient des mouvements lents. Les exercices respiratoires debout (II.6 et II.7) peuvent être faits à un moment quelconque de la journée.

Bâillements.

Nous avons vu que la voix forte demandait une grande ouverture de la gorge. Pour entraîner cette ouverture de la gorge nous utiliserons cette semaine un acte réflexe : le bâillement.

Bâillez un bon coup. Là, c'est fait? Une fois encore. Que sentez-vous? La mâchoire qui s'ouvre, se déboîte à fond, le voile du palais qui remonte vers le haut de la tête derrière le palais dur et les fosses nasales, et le fond de la gorge qui s'ouvre grand, grand, comme s'il s'ouvrait jusqu'au ventre et aux reins.

Le bâillement, par rapport à l'émission vocale, a deux inconvénients : on bâille en inspirant et, très souvent, en contractant la base de la langue. C'est pourquoi je vous conseille de ne pas faire plus d'une douzaine de fois chacun des deux exercices suivants et de toujours les faire suivre par l'exercice II.10.

II.8. *Bâillements et ouverture de la gorge.*

Mettez-vous devant une glace et bâillez deux ou trois fois. Essayez que votre langue reste posée sur les dents inférieures. Puis, expirez une douzaine de fois, avec de grands soupirs d'aise, des sortes de *ah*... de bonheur, en essayant de garder à la gorge la même ouverture qu'à l'inspiration bâillée.

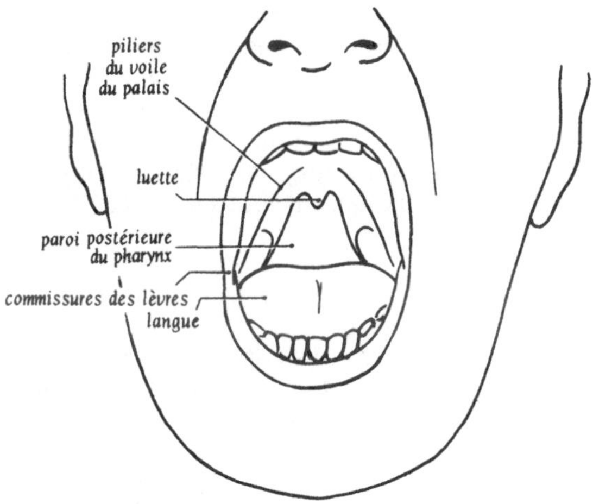

Figure II.8

II.9. *Bâillements étouffés et petits mugissements.*

Prenez la position du « mugissement gourmand » (I.15), lèvres ramassées en un petit groin, mâchoire ouverte. Dans cette position, ébauchez un bâillement, comme une femme du monde qui a les mains prises et cherche à étouffer un bâillement sans que sa bouche s'ouvre; vous le sentez, la mâchoire et le fond de la gorge sont grands ouverts. Puis vous ébauchez une douzaine de petits mugissements sur des sons voisins de /*o*/ à la suite de ces demi-bâillements, en cherchant à ce que le fond de la gorge reste ouvert.

II.10. *Mâchoire gâteuse et sons sur* /ble/.

Laissez pendre votre mâchoire (la langue sur les dents inférieures), comme si vous étiez gâteux : sentez la mâchoire inférieure, le cou, la langue tout à fait mous et inertes. Sans fermer la mâchoire, rassemblez vos lèvres pour faire un /*b*/, puis la pointe de la langue vient rapidement toucher les alvéoles derrière les incisives supérieures pour prononcer /*l*/ et se détendre. Après /*bl*/, lèvres et langue sont tout à fait détendues et vous laissez venir pendant environ une seconde un son voisin de /*e*/.

Ceci est un exercice de détente de l'appareil vocal : prenez conscience tranquillement du /*b*/ et du /*l*/, sentez votre langue, après /*l*/, et pendant tout le /*e*/, tout à fait détendue et posée sur les dents du bas. Faites une vingtaine de /*ble*/ en respirant tranquillement entre chaque. La mâchoire, la racine de la langue, la gorge, le cou doivent être sentis mous, pendants, gâteux, durant tout l'exercice.

II.11. *Travail de la voyelle* /o/.

Nous avons commencé le travail de la voix en entraînant l'ouverture de l'arrière-gorge (pharynx buccal) et de la mâchoire ainsi que la détente de l'appareil buccal. Nous allons maintenant travailler notre première voyelle. Ce sera la voyelle /*o*/. J'ai choisi de commencer par cette voyelle parce que, si ce n'est pas la plus sonore, c'est la plus ronde, celle où il nous est le plus facile d'ouvrir l'arrière-gorge et de détendre l'appareil vocal.

Regardez-vous dans une glace et dites, comme surpris, « Oh, oh! ». Si vos lèvres s'entrouvrent à peine, si les dents restent serrées, le son est sûrement mauvais, serré, et ne résonne guère que derrière vos dents. Il est probable également que ce n'est pas un vrai /*o*/ grave et profond, mais un son intermédiaire entre le /*o*/ de « l'eau », le /ɔ/ clair de « l'or » et le /*e*/ de « le [1] ».

1. Pour la prononciation des sons-voyelles, voyez le tableau, p. 41.

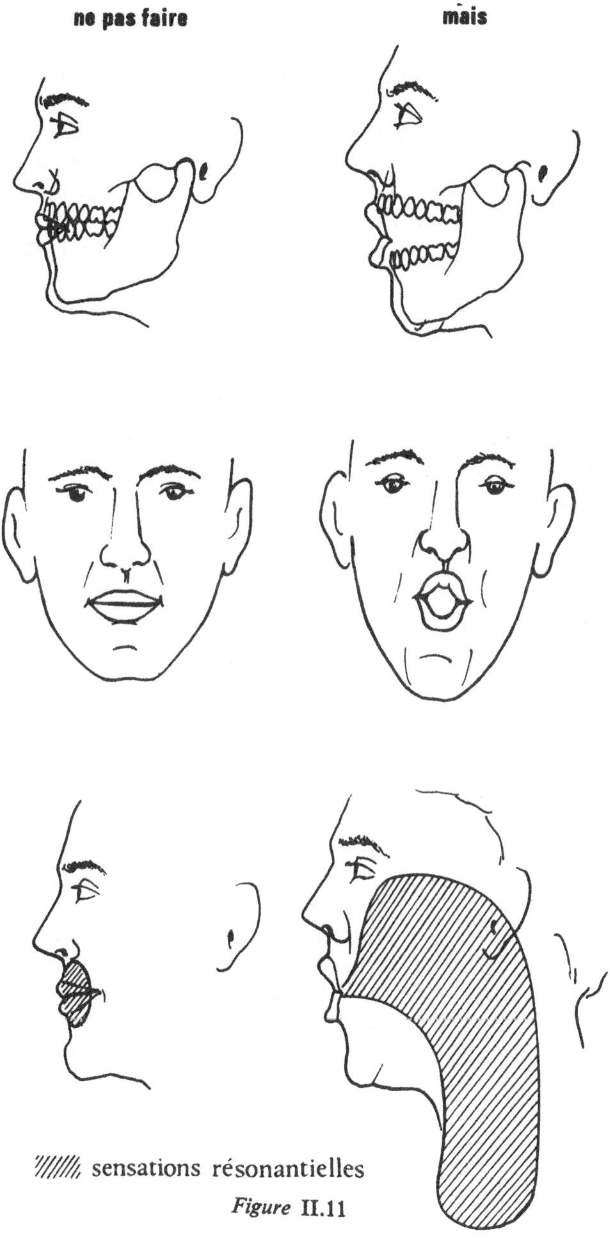

Figure II.11

Pour faire un /*o*/, vous devez d'abord ouvrir la mâchoire en laissant au moins le passage du pouce entre les incisives, puis les lèvres doivent coulisser en avant de façon à former une sorte de /*o*/. Essayez que ce mouvement des lèvres se fasse sans nullement contracter la mâchoire, qui doit rester ouverte, détendue, « gâteuse », comme dans les exercices précédents. Dans cette position, inspirez en faisant un /*o*/ à demi chuchoté; le fond de la gorge est très ouvert et vous sentez l'air qui vient frotter le fond de la gorge (comme un grand entonnoir dont l'extrémité serait formée par vos lèvres tandis que la partie large viendrait faire un grand cercle à l'arrière de votre bouche, depuis le fond de la gorge jusqu'au voile du palais remonté derrière le nez, (fig. II.11).

a) Faites une série de 5 à 7 /*o*/ chuchotés en inspirant et en expirant. Gardez toujours ce grand entonnoir intérieur. Le son inspiré-chuchoté dessèche un peu le fond de la gorge mais vous sentez mieux ainsi la grande ouverture du volume pharyngé.

b) Faites maintenant suivre les /*o*/ inspirés-chuchotés de /*o*/ chantés, tenus pendant environ 1 seconde, à la hauteur qui vous convient le mieux. L'essentiel est que la gorge garde le même volume intérieur pendant le /*o*/ chanté que pendant le /*o*/ inspiré. Faites ainsi 5 à 7 /*o*/.

c) A l'inspiration, laissez l'air entrer par le nez et remplacez le /*o*/ aspiré par la *pensée* de ce grand /*o*/ à l'intérieur de la gorge ouverte, et faites une série de /*o*/ parlés, qui commencent doucement, en voix quasi chuchotée, comme des /*o*/ d'étonnement, de frayeur; augmentez ensuite ces /*o*/, de plus en plus forts, jusqu'à devenir des sortes de grandes lamentations.

Au début, pendant au moins les deux premières séances, vous devez vous concentrer uniquement sur les sensations vocaliques. A partir de la troisième séance vous pourrez commencer à penser aussi à la respiration mais pas pendant l'émission sonore : pensez seulement, en prenant votre temps entre les sons, à bien détendre le ventre à l'inspiration.

Il est possible que, le premier jour, vous ne puissiez dépasser cet exercice II.11. Peut-être même devrez-vous vous arrêter après II.10. Ce n'est pas grave, demain vous n'aurez plus à faire la prise de conscience du diaphragme de II.4, les exercices vous seront plus familiers et vous arriverez facilement à II.12. Si vous pouvez faire II.13, trois fois dans la semaine, ce sera parfait.

Signes conventionnels de prononciation des sons

Voyelles et semi-voyelles

A.	/a/	a clair de *malle, balle, tabac*
	/*a*/	a moyen de *bas, tas, vase*
	/*â*/	a grave, sombre, long, de *mâle, bât, tâche*
E.	/*é*/	é fermé de *fée, pré*
	/*è*/	è ouvert de *fait, près*
	/*e*/	e moyen de *je, feuille, peur*
Eu.	/*eu*/	de *jeu, feu, peu, Meuse*
I.	/*i*/	de *midi, nid*
O.	/*o*/	o fermé de *môle, beau, pot*
	/ɔ/	o ouvert de *molle, bol, Paul*
Ou.	/*ou*/	de *mou, bout, poux*
U.	/*u*/	de *mue, but, pure*
An.	/*an*/	de *mange, lent*
On.	/*on*/	de *mon, long*
In.	/*in*/	de *main, lin*
Un.	/*un*/	de *Meung, lundi*
	/*w*/	de *oui, ouest, foi*
	/*ü*/	de *lui, puit, nuire*
	/*y*/	de *yoyo, pied, yeux*

La prononciation est indiquée entre / /. Pour vous simplifier la lecture, je n'emploie les signes de la phonétique internationale que quand je ne puis pas faire autrement. Sinon, je puise dans l'arsenal assez large des signes diacritiques du français. J'ajoute à ce tableau les semi-voyelles. Les consonnes se prononcent comme en français : le /g/ se prononce dur (comme dans gai).

II.12. /*o*/ sur *do, ré, mi.*

Pour toutes sortes de raisons dont je m'expliquerai aux chapitres IX et X, il me semble indispensable pour l'enrichissement de la voix de travailler, au moins un peu, sur des hauteurs musicales définies. Nous allons commencer par quelques notes faciles pour toutes les voix.

Vous vous jouez la note *do* (au bas du *pitch pipe* ou au milieu du piano (cf. chap. I p. 10). Vous la jouez trois ou quatre fois en essayant de la retrouver à l'intérieur de vous-même, en la murmurant.

Puis, vous la répétez en chantant sur /*o*/, comme vous venez de le faire dans l'exercice précédent. Cherchez un /*o*/ bien rond, qui remplisse bien le fond de votre bouche. Répétez ce son 7 fois. Ne cherchez pas la force, mais la plénitude intérieure, le plaisir dont vous remplit le son et ses vibrations. Vous vous jouez ensuite le *ré* que vous chantez de même sept fois. Puis le *mi*, sept fois.

Si vous n'arrivez pas à reproduire le son *do*, lisez les « conseils pour ceux qui pensent qu'ils chantent faux ou qui ont quelques difficultés avec la hauteur musicale » (II.15).

II.13. *Liste Môle.*

Lisez, à haute et intelligible voix, la liste suivante, en respirant tranquillement entre chaque mot.

Ce sont tous des mots d'une syllabe avec un /*o*/ fermé et long. Je vous prie de prononcer chaque consonne et chaque voyelle, longuement et lentement, comme si vous les mangiez, les savouriez longuement. Ainsi du premier mot : môle. Vous commencez par un léger mugissement, les lèvres fermées, la mâchoire ouverte et détendue. Puis vient le /*o*/, longue et pleine vibration qui remplit votre gorge, se répand dans la poitrine, la nuque, la face : jouissez-en pleinement. Enfin, à la fin du /*o*/ (et le plus tard possible) la pointe de la langue vient se poser sur les alvéoles derrière les incisives supérieures et prononce un /*l*/ bref et précis suivi d'un très léger /*e*/ muet. Vous recommencez deux ou trois fois à dire ce « môle » pour en découvrir et savourer de plus en plus la plénitude. Le /*o*/ de « môle » est déjà un /*o*/ long; mais vous devez ici en exagérer beaucoup la longueur, comme si ce prolongement du petit mugissement sur /*m*/ était lui-même un long mugissement.

Continuez ainsi avec les autres mots de la liste.

Môle	Mauve	Môme	Nôtre
L'autre	L'aube	L'auge	L'aulne
Chauffe	Chaude	Jaune	Jauge
Sauce	Sauf	Saule	Saône
Faute	Fosse	Fauve	Vosges
Rôle	Rose	Rauque	Rhône
Baume	Bauge	Beauce	Vôtre
Dôme	Daube	Dose	Drôme
Heaume	Hausse	Haute	Ose

II. 14. *Souplesse de la colonne vertébrale.*

Je vous ai dit par ailleurs l'importance pour votre voix et vous-même de la liberté de jeu de vos vertèbres, de la souplesse en chacun de ses points de votre colonne vertébrale. Voici un exercice d'assouplissement de la colonne vertébrale qui ne vous prendra guère plus de 3 minutes. Le meilleur moment pour le faire est le matin après votre toilette et avant votre petit déjeuner.

Vous êtes couché sur le dos, les bras étendus derrière la tête :

a) Commencez par respirer lentement par le ventre, dans un mouvement régulier : inspiration, 2 secondes; expiration, 2 secondes. L'air entre et sort par le nez.

b) Tout en continuant à respirer par le ventre, vous levez lentement les bras au-dessus de la tête, puis vous décollez du sol la tête et pliez une à une les vertèbres du cou et du dos dans un mouvement arrondi et régulier; s'il y a un moment où votre dos reste plat et refuse de s'arrondir, c'est signe du blocage de deux ou plusieurs vertèbres; il faudra particulièrement travailler à assouplir cette zone.

c) A la fin du mouvement d'arrondi vers l'avant, vous avez le nez le plus près possible des genoux et vous attrapez vos gros orteils avec les mains, ou vous posez simplement les mains sur vos chevilles. Restez une dizaine de secondes dans cette position, tout en continuant à être concentré sur votre respiration abdominale.

d) Vous redescendez en arrière, en pivotant d'abord le sacrum; puis chaque vertèbre va venir toucher le sol en commençant par les vertèbres lombaires. Vos bras ne commencent à remonter dans un mouvement au-dessus de votre tête qu'au moment où vos omoplates touchent le sol.

Vous faites une petite pause de détente avec respiration abdominale et recommencez tout le mouvement encore deux fois. Veillez bien à ce que votre respiration soit toujours en action inspiratoire ou expiratoire pour éviter le blocage des épaules et du cou. C'est le dos qui s'arrondit en avant sans effort, et non les bras et les épaules qui « tirent » votre corps vers le haut; bras, épaules, cou et tête doivent toujours être détendus. La troisième fois, restez une vingtaine de secondes dans la position (*c*) en essayant de vous détendre le plus possible, de lâcher tous vos muscles à l'intérieur même de cette position inconfortable [1].

II.15. *Note à l'usage de ceux qui pensent qu'ils chantent faux ou qui ont quelques difficultés avec la hauteur musicale.*

Chanter « juste » veut dire que vous reproduisez bien les sons que vous entendez. Comme tout ce qui est de la voix humaine, c'est un comportement appris. Les jeunes enfants, spontanément, chantent « faux » : leur corps ne sait pas encore régler la hauteur exacte. Si pendant cet apprentissage (qui peut s'étendre pour certains jusqu'à dix ou douze ans), les adultes ou les camarades plus avancés viennent couper court par un péremptoire « Toi, tais-toi, tu chantes faux », c'est fini : vous cessez d'entraîner ce comportement, pis encore vous avez un « complexe de la justesse ».

Dans les exercices que je vous indique pendant les premières semaines, il y a des indications sur la hauteur des sons à émettre. Si vous n'y arrivez pas, je vous conseille de procéder comme suit.

Au début, il vous faut une aide. Pas nécessairement un professeur de chant ou de solfège, mais quelqu'un qui ait un piano, qui entende assez bien la hauteur, et qui soit capable de vous chanter les notes du milieu du piano, de *do* à *sol*.

Commencez à chanter une note, sur la voyelle que vous voulez, (/*i*/, /*o*/ sont les meilleures), à la hauteur de votre choix (plutôt dans le grave de votre voix). Répétez cette note deux ou trois fois; que votre « pianiste » trouve, sur son piano, quelle est cette note, qu'il vous la joue, qu'il vous la chante. Rechantez-la ensemble trois ou quatre fois, sur différentes voyelles.

Ensuite, à partir de cette note, que votre pianiste vous joue et chante un ton au-dessus. Si, par exemple, votre note est *ré*, il vous joue le *mi*, il chante *ré-mi-ré*, et vous chantez après lui *ré-mi-ré*.

1. Cet exercice est une *âsana* classique. Vous en trouverez une très bonne description dans A. van Lysebeth, *J'apprends le yoga*, Flammarion, 1968.

Il prend ensuite un demi-ton en dessous, joue *ré-do-ré*, le chante, et vous chantez après lui.

Vous verrez que généralement, autour de vos notes préférées, vous arrivez à chanter juste sur deux ou trois notes. Au bout de quelques séances avec une aide extérieure, vous arriverez à travailler seul sur la tierce et sur la quinte (cf. troisième semaine).

III

Troisième semaine

Nous avançons : la respiration basse commence à vous devenir familière; votre mâchoire se détend, votre gorge s'ouvre davantage et vous avez découvert en vous des vibrations nouvelles. Mais nous n'en sommes qu'au début.

Troisième semaine

Plan du travail

A. RESPIRATION

III.1.	Couché sur le dos. Respiration du ventre	1 mn
III.2.	Couché sur le dos. Renforcement de la pression du souffle	2 mn
III.3.	Couché sur le dos. Résistance des côtes à l'expiration	1 mn 30
III.4.	Couché sur le ventre. Respiration du dos	1 mn
III.5.	A califourchon sur une chaise. Respiration du ventre et du dos	2 mn 30
III.6.	Debout. Position du judoka	1 mn 30
III.7.	Debout. Dos au mur	1 mn 30

B. APPAREIL VOCAL ET SONS

III.8.	Travail des lèvres	1 mn
III.9.	/O/ tenu sur *do, ré, mi*, avec souffle	2 mn
III.10.	Travail de la quinte de base sur /o/	2 mn
III.11.	Sons liés par deux, sur /o/	1 mn
III.12.	Liste Môle avec impulsion abdominale	1 mn 30
III.13.	Pôle. Paul	2 mn

En ce qui concerne la respiration vous avez encore deux domaines à découvrir : le travail du dos et le travail des côtes. Nous insisterons longuement cette semaine sur le travail du dos. Quand votre corps aura compris ce qu'il lui faut faire pour prendre beaucoup d'air dans une complète détente du ventre et des reins, vous découvrirez avec surprise quelle sorte de soulagement et de plaisir ce type de respiration peut vous apporter.

Pour ce qui est de l'appareil vocal et de l'émission des sons, plusieurs nouveautés : travail des lèvres, sons tenus, un peu de chant, premier travail d'enrichissement horizontal sur /*o*/ /ɔ/. Nous avons du pain sur la planche. Mais ne soyez pas inquiet, tout ceci sera repris la semaine prochaine.

III.1. *Couché sur le dos. Respiration du ventre.*

a) Inspiration par le nez, les lèvres closes, la mâchoire ouverte comme si elle reposait sur le haut de votre poitrine (2 secondes).

b) Arrêt (1 seconde).

c) Soufflez avec la mâchoire ouverte, la gorge ouverte, les joues un peu gonflées et les lèvres fermées en coulisse pour envoyer une sorte de colonne d'air verticale au-dessus de vos lèvres (2 secondes).

d) Arrêt (1 seconde). Faites l'exercice une dizaine de fois.

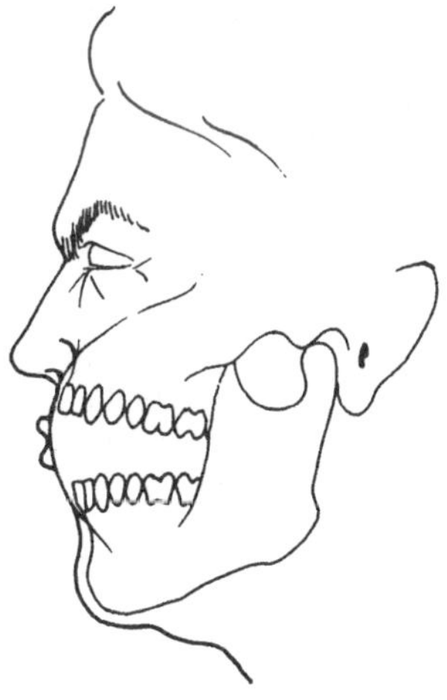

Figure III.1

III.2. *Couché sur le dos. Allongement de l'expiration. Renforcement de la pression du souffle.*

Quand vous parlez, si vous voulez pouvoir faire des sons forts, il faut non seulement « avoir du souffle », mais aussi être capable de soutenir une pression de souffle relativement élevée. Cet exercice vous permettra de développer la pression de votre souffle.

Couché sur le dos. Soufflez. Videz-vous.

a) Laissez l'air entrer dans le ventre puis les côtes (2 secondes). Inspirez par le nez, la bouche fermée, la mâchoire ouverte, le pharynx grand ouvert comme dans le bâillement étouffé de la femme du monde.

b) Suspension du souffle (1 seconde).

c) Soufflez en gardant la même ouverture intérieure de la mâchoire et de l'arrière-bouche et en gonflant les joues comme si vous vouliez souffler une bougie; mais quand on souffle une bougie, l'effort principal est d'envoyer le plus d'air possible. Ici, vous cherchez à retenir le plus possible l'air en serrant la coulisse des lèvres et en ne laissant passer au milieu des lèvres qu'un étroit filet d'air aussi fort qu'une aiguille d'acier. Il doit y avoir une sorte de lutte entre la pression de votre ventre qui cherche à ouvrir grand vos lèvres et la coulisse des lèvres qui prétend retenir et endiguer le souffle. Soufflez ainsi pendant 6 ou 8 secondes, en essayant que la pression du ventre, la retenue des lèvres et le souffle qui sort soient le plus réguliers possible. Quand vous ne pouvez plus maintenir cette pression, ouvrez la bouche et laissez filer ce qui vous reste d'air. Faites 2 ou 3 respirations tranquilles de l'abdomen et recommencez l'exercice en essayant de souffler (avec pression) pendant 2 secondes de plus.

Recommencez cinq à sept fois.

Tenue des côtes.

Nous avons vu dans le chapitre II que, pour que le diaphragme soit libre d'agir pendant l'émission sonore, il fallait que l'espèce de V à l'envers que forment les côtes de part et d'autre du sternum, au lieu de tomber brutalement à l'attaque du son, reste ouvert pendant les premières secondes de l'émission sonore. Nous entraînerons systématiquement cette résistance des côtes à partir de la semaine prochaine, mais nous allons commencer dès cette semaine à pénétrer dans ce domaine capital.

III.3. *Couché sur le dos. Résistance des côtes à l'expiration.*

Couché sur le dos, posez vos mains sur l'arête des côtes basses. Soufflez et videz tout, puis laissez l'air entrer dans le ventre et le thorax pour une grande inspiration ventre et côtes (2 secondes). Arrêt. C'est là que commence l'exercice proprement dit (fig. III.3).

a) Soufflez sur *pch...* pendant 3 à 6 secondes sans que vos côtes bougent. L'essentiel est cette immobilité des côtes. Si elles tombent au bout de 2 secondes, soufflez seulement 2 secondes; si vous tenez 6 secondes, bravo.

b) Donc, vous avez soufflé (par le ventre) sans que votre thorax bouge. Dès que vous avez arrêté le *pch...*, sans vider l'air qui reste dans votre thorax, vous reprenez de l'air juste en détendant le ventre.

c) Arrêt, et vous recommencez une deuxième fois en (*a*), puis une troisième fois. La troisième fois, quand vous avez fini vos 3 à 6 secondes sur *pch...* vous interrompez le son, vous laissez tomber les côtes et l'air s'échapper par la bouche.

Recommencez l'exercice trois ou quatre fois.

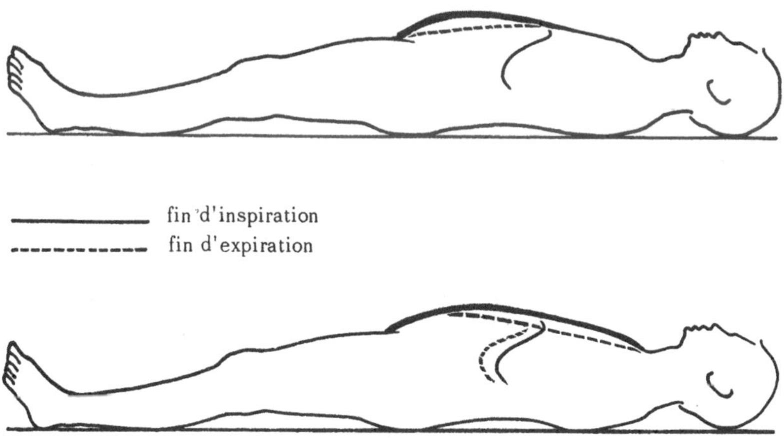

à éviter

Figure III.3

III.4. *Couché sur le ventre. Respiration du dos.*

Reprenez l'exercice II.5. Si vous l'avez bien assimilé, si vous avez bien senti ce qui se passait dans votre dos, vous pourrez l'abandonner assez vite. Mais si vous avez la moindre difficulté et chaque fois que vous avez besoin de mieux *sentir* le travail du dos, je vous conseille de revenir à cet exercice simple.

III.5. *A califourchon sur une chaise. Respiration du ventre et du dos.*

Installez-vous à califourchon sur une chaise. Ouvrez complètement votre pantalon, défaites votre ceinture pour que le ventre soit bien libre. Posez vos mains sur le haut des cuisses et détendez

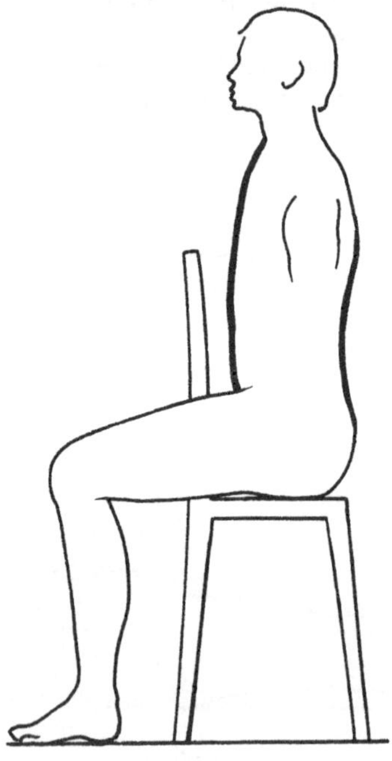

A. fin d'expiration

Figure III.5

bras et épaules. Sentez votre corps en équilibre sur les pointes des fesses, et faites trois ou quatre fois (sans vous occuper de votre respiration) le mouvement de bascule du bassin indiqué sur la figure III.5. Sentez bien votre sacrum qui pivote en arrière quand vous passez de A à B, puis revient en avant quand vous revenez dans la position A.

Commencez par souffler, vous vider entièrement, tout en redressant votre corps à fond et en serrant bien la ceinture musculaire qui s'accroche à vos reins et vient recouvrir tout votre ventre en dessous de l'estomac avec l'impression d'être le plus serré possible entre les reins et le ventre. 2 secondes d'arrêt en laissant la bouche entrouverte.

a) Laissez l'air entrer par la bouche en lâchant cette ceinture musculaire que vous venez de serrer et en basculant en arrière votre bassin.

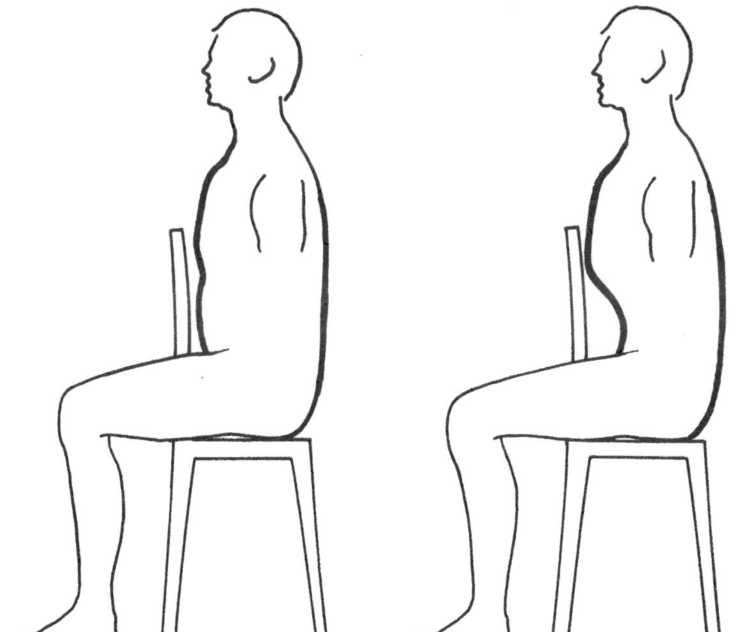

B1 après inspiration B2 **à éviter**

Figure III.5

b) Arrêt. Suspension du souffle. Contrôlez que le ventre est bien détendu (même si vous n'avez pas « de ventre », il vient quand même en avant).

c) Soufflez sur *ch*... en revenant à la position initiale très lentement. Sentez que c'est le mouvement de bascule vers l'avant de votre sacrum (lié à l'enfoncement lent du ventre) qui crée la pression du souffle qui vient taper derrière vos dents et produire le *ch*...

d) Arrêt (2 secondes). Reprenez en (*a*).

Au début, si vous ne sentez pas bien le mouvement à l'inspiration, je vous conseille de le faire assez vite : vous serrez fortement la ceinture musculaire en vous redressant et en soufflant votre dernière réserve de souffle, et puis plouf, d'un seul coup vous basculez en arrière, vous lâchez le ventre, vous lâchez le dos au niveau des côtes flottantes (là où est votre diaphragme), l'air entre tout seul par votre bouche entrouverte et vous avez l'impression qu'il vient remplir d'un seul coup tout votre corps jusqu'au ventre et au bas du dos.

Si vous n'arrivez pas à trouver ce mouvement, il faut revenir à III.3 : c'est la même zone des reins qui travaille. Vous pouvez également poser le dessus de vos mains dans le creux des reins, de part et d'autre de la colonne, et aider le mouvement respiratoire en pressant à cet endroit lors de l'expiration (quand vous allez de la position B à la position A) et en relâchant la pression lors de l'inspiration. Il peut également vous être utile que quelqu'un vous pose les mains au niveau des reins et presse d'arrière en avant pour vous aider à sentir le mouvement expiratoire.

A la fin de l'inspiration, contrôlez bien que votre ventre est détendu et mou.

Cet exercice est extrêmement détendant, il ne comporte aucune contre-indication et vous pouvez le faire sans crainte une bonne douzaine de fois en essayant d'allonger votre *ch*... à 5, 6, 10 secondes.

III.6. *Debout. Position du judoka.*

Vous allez essayer maintenant de retrouver, debout, la même respiration et les mêmes sensations corporelles de détente du dos et du ventre.

Vous êtes debout, les jambes écartées, le corps droit, les bras le long du corps. Sentez votre bassin et vos jambes très lourds, vous ancrant fermement dans le sol. Soufflez, videz-vous, en redressant le corps et les jambes et en serrant la ceinture musculaire des reins et du ventre. Arrêt. Attendez l'appel d'air. Laissez la bouche ouverte. Puis :

a) Laissez l'air entrer (par la bouche ouverte) dans votre ventre et dans votre dos, en lâchant la ceinture musculaire et en basculant le bassin en arrière tout en fléchissant les genoux, ce qui vous met dans une position assez voisine de celle du judoka au combat. Le fléchissement des genoux fait descendre votre corps d'environ 10 cm. Laissez-vous aller à cette sorte de chute. Sentez l'air qui pénètre dans tout votre corps et remplit le bas de votre ventre, votre cul, vos reins.

b) Arrêt. Deux secondes de suspension de souffle.

c) Vous soufflez très lentement, en faisant un petit son sur *pch...* ou *ff...* et en redressant lentement les jambes et le sacrum. Sentez

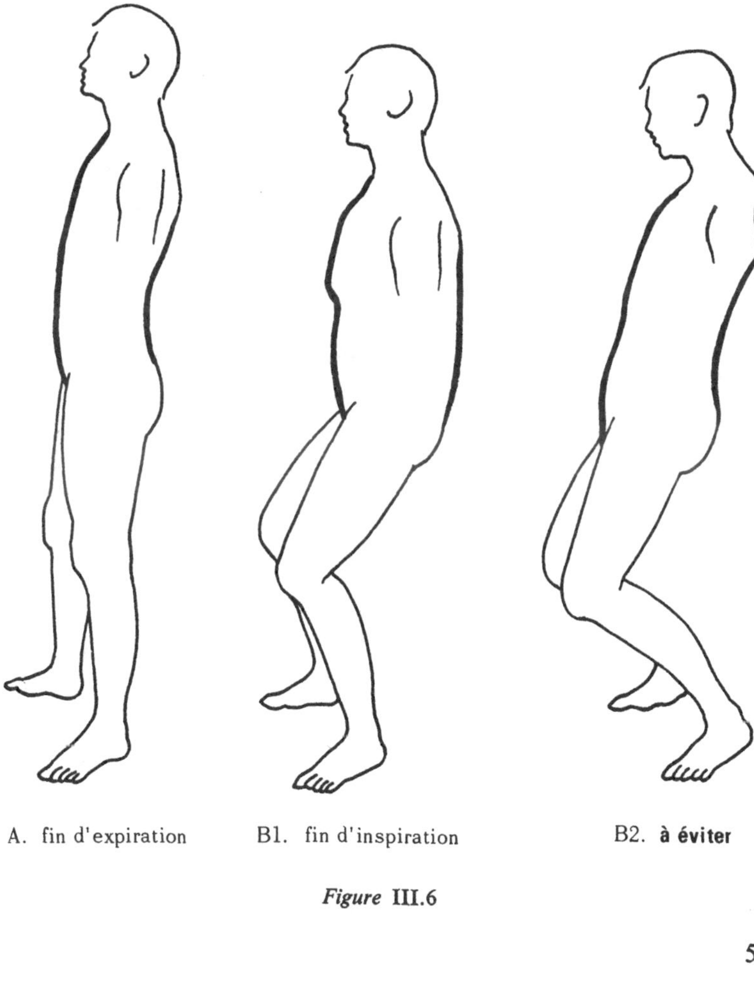

A. fin d'expiration B1. fin d'inspiration B2. **à éviter**

Figure III.6

que la pression qui produit le *pch*... est créée par une pression corporelle très basse au niveau du sacrum et du bas de l'abdomen. Essayez de régler votre respiration de façon à ce que vous ne retrouviez votre position de départ (jambes et corps droits) qu'à la fin de l'expiration. Arrêt. Reprenez trois ou quatre fois le mouvement.

Comme dans l'exercice assis, l'essentiel ici est de surveiller, à l'inspiration, la bascule arrière du bassin et la détente du ventre en avant. Évitez le ventre creux ou les reins creux (fig. III.6).

Le premier jour, je vous conseille de passer directement à III.8.

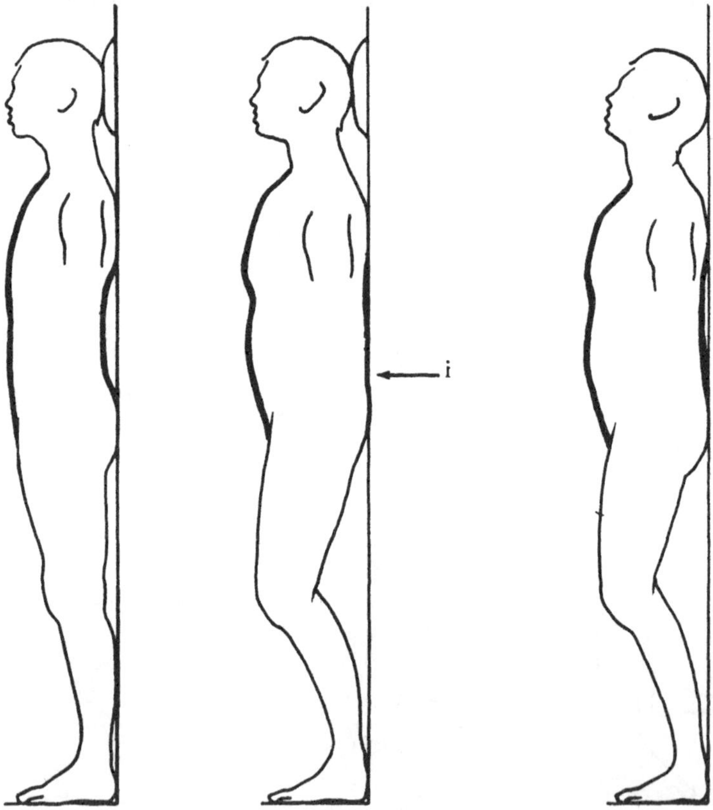

A. fin d'expiration B. fin d'inspiration C. **à éviter**

***Figure* III.7**

III.7. *Respiration le dos au mur.*

Certains sentiront plus facilement la respiration du dos avec cet exercice-ci. Dans ce cas, il vaut mieux le faire avant III.6. Quoiqu'il en soit de l'ordre, je vous recommande de faire soigneusement les deux exercices (sauf le premier jour, si vous n'avez pas suffisamment de temps) : le judoka a l'avantage d'être plus spontané, moins volontaire, mais le dos au mur vous fait garder une meilleure position des épaules.

Vous vous mettez debout le dos contre un mur ou une porte plate. Sentez, contre le mur, vos talons, les fesses, les épaules et la tête. Sentez aussi qu'il y a un creux au niveau des reins.

Soufflez dans cette position, puis inspirez par détente du ventre (au besoin contrôlez avec la main) en venant coller vos reins contre le mur, mouvement qui implique un pivot arrière du bassin, plus facile si vous pliez un peu les genoux. Arrêt (2 secondes). Soufflez en faisant *pch*... et en revenant lentement vers la position première.

Faites d'abord ce mouvement respiratoire trois fois; puis essayez de le faire tout en vous concentrant sur vos reins : ce sont eux qui inspirent, eux qui sont votre double soufflet respiratoire et qui, en s'ouvrant comme des ailes, vont venir se coller contre le mur, (contrôlez pourtant que le ventre est lâché vers l'avant). A l'expiration sentez plutôt, environ 8 cm au dessus du coccyx, un point qui appuie et conduit toute l'expiration en même temps que votre corps se redresse. Essayez de garder la tête et le cou bien droits, verticaux, quand votre corps glisse le long du mur à l'inspiration.

III.8. *Travail des lèvres.*

Il faut entraîner non seulement une plus grande détente de l'appareil vocal (ce que nous avons commencé avec la mâchoire et la gorge) mais aussi une plus grande précision et indépendance du travail des muscles. Nous commençons aujourd'hui par les lèvres.

a) Mettez-vous devant une glace, ouvrez grand la bouche en laissant la langue à la racine des dents inférieures et, avec la main, maintenez fermement votre menton en position basse, en le pressant même vers le cou. Puis serrez les lèvres, rouvrez, resserrez, réouvrez... une vingtaine de fois sans que la mâchoire remue (fig. III.8). Essayez que la langue reste détendue.

b) Vous pouvez rapprocher les lèvres de deux façons différentes : en serrant l'extrémité des lèvres ou en serrant une deuxième coulisse

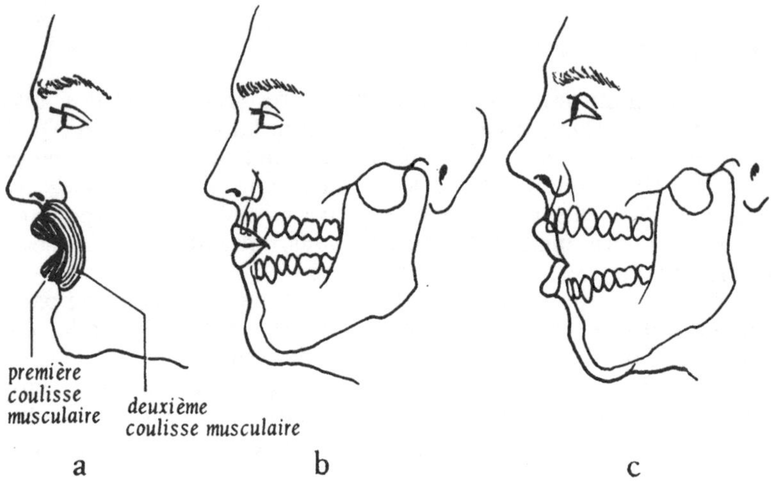

Figure III.8

musculaire qui entoure la première. Nous venons d'entraîner la première coulisse musculaire et cet exercice nous permet d'allonger les lèvres et de préparer le travail des consonnes labiales. Nous allons maintenant travailler la deuxième coulisse qui a une grande importance dans le travail des voyelles puisque l'avancée des lèvres allonge le tube pharyngo-buccal et augmente les harmoniques graves des sons (cf. chap. IX et X).

Comme en (*a*) vous maintenez votre mâchoire fermement ouverte et vous avancez vos lèvres en forme de groin serré (fig. III.8 c) puis les détendez. Faire une vingtaine de fois.

III.9. /O/ *tenu sur* do, ré, mi.

a) Commencez par faire, comme la semaine dernière, quelques inspirations et expirations chuchotées sur /*o*/ en détendant et resserrant le ventre.

b) Vous vous jouez le *do* du médium; puis, debout, les jambes un peu écartées, vous inspirez avec un /*o*/, gorge ouverte comme en (*a*), puis vous chantez un /*o*/ (sur la note *do*) sans que rien ne change dans votre gorge. Tel que vous avez attaqué le /*o*/, tel vous cherchez à le tenir, sans aucun changement ni dans la gorge, ni dans le son, ni dans sa couleur, ni dans sa vibration; comme si votre /*o*/

était un ballon qui roule bien régulièrement sur une planche absolument horizontale. Prenez dans vos mains ce ballon imaginaire et transportez-le de gauche à droite sur une ligne imaginaire située à la hauteur de votre bouche. Arrêtez le son en même temps que le mouvement puis inspirez tranquillement, toujours par la bouche, en détendant le ventre, et refaites un /*o*/ en transportant votre ballon de droite à gauche. Le mouvement doit être lent (environ 3 secondes). Essayez que l'attaque du ventre, le début du son et le début du mouvement coïncident. Faites ainsi quatre à cinq sons tenus sur le *do* (ou aux environs). Puis vous jouez le *ré*, et recommencez quatre à cinq /*o*/ sur ce *ré*. *Idem* sur la note *mi*.

Le premier jour, je vous conseille de passer directement à III.12, ou même, si vous n'avez plus guère de temps, de faire seulement III.13. A votre deuxième séance, enchaînez directement comme suit.

III.10. *Travail de la quinte de base* [1].

Nous allons travailler maintenant sur cinq notes. Mais nous ne pouvons pas prendre les mêmes cinq notes pour tous, car dans la voix parlée comme dans la voix chantée, il y a des voix graves, des voix aiguës, et ce qu'on appelle des voix « moyennes ».

La majorité des Français et des Françaises peuvent être classés dans les voix moyennes. Pour ceux-là, la quinte de base sera tout simplement composée des cinq notes *do*, *ré*, *mi*, *fa*, *sol*.

Quelle que soit votre tessiture, commencez à chanter des /*o*/, sur *do*, *ré*, *mi*. Ne cherchez pas à faire des sons tenus longs et larges, mais au contraire des sons brefs et peu forts, ce qu'on appelle en musique des sons « piqués ». Continuez ainsi à monter sur *fa*, *sol*. Trois cas sont possibles :

1. Vous êtes très à l'aise sur les cinq notes de *do* à *sol*. Dans ce cas, pas de problèmes, vous travaillez sur la quinte de base *do-sol*.
2. Vous avez quelque peine à monter jusqu'au *sol* (peut-être même jusqu'au *fa*). Dans ce cas, choisissez de commencer sur une note plus grave *(mi)*.
3. Votre voix est plutôt aiguë, le *do* est un peu grave pour vous. Par contre, si vous essayez le *la*, il sort très facilement. Prenez alors comme note de base *ré*.

Il est difficile de trouver soi-même sa propre tessiture, d'autant plus qu'au début du travail la voix n'est pas encore faite. Concrète-

1. J'appelle quinte, cinq notes de suite, comme *do ré mi fa sol*.

ment, je vous conseille d'essayer d'abord, pendant plusieurs jours, de travailler sur *do-sol*, qui est en vérité la meilleure quinte de base pour tous (au moins dans la voix parlée). Si vous êtes vraiment mal à l'aise, montez d'un ton *(ré-la)* ou descendez d'un ton *(si -fa)*. N'acceptez de descendre encore davantage *(la-mi* ou même *sol-ré)* que si vraiment vous ne pouvez faire autrement. Mais essayez la semaine suivante de remonter à *si -fa* ou même à *do-sol.*

J'appellerai toujours les notes de la quinte de base : *do, ré, mi, fa, sol.* Mais vous savez que, si votre tessiture est un ton plus haut, ça veut dire *ré, mi, fa ♯, sol, la,* ou un ton plus bas, *si♭, do, ré, mi♭, fa.* Voici un tableau des correspondances.

Tableau des équivalences de la quinte

do ré mi fa sol

note de base	*deuxième note*	*troisième note*	*quatrième note*	*cinquième note*
ré	mi	fa ♯	sol	la
DO	RÉ	MI	FA	SOL
si	do ♯	ré ♯	mi	fa ♯
si ♭	do	ré	mi ♭	fa
(la ♯)			(ré ♯)	
la	si	do ♯	ré	mi
sol	la	si	do	ré

III.11. *Sons liés.*

Pour cette semaine, je vous conseille non seulement de faire l'exercice précédent mais de commencer, à votre deuxième ou troisième séance, à lier les sons comme suit p. 59.

Cherchez à ce que votre souffle soit bien continu et qu'il n'y ait pas de rupture entre les notes.

III.12. *Liste Môle avec impulsion abdominale.*

a) Faites 5 à 7 petits mugissements gourmands, la gorge grande ouverte, en laissant la mâchoire se promener horizontalement et verticalement. Avant chaque mugissement, videz tout, laissez l'air entrer dans le ventre et veillez à ce que l'attaque du ventre précède d'une fraction de seconde l'entrée en vibration du /*m*/.

b) Prenez la liste Môle (II.13). Continuez à contrôler votre respiration et l'attaque du ventre comme en (*a*), mais au lieu de vous arrêter au /*m*/ vous prononcez môle avec un long /*m*/, un long /*o*/ et en prolongeant tout le temps du /*m*/ et du /*o*/ la pression abdominale commencée à l'origine du /*m*/. Prononcez ainsi trois ou quatre fois les trois premiers mots.

c) Continuez en prononçant ainsi à voix haute, fermement et distinctement, tous les mots de la liste. Prenez le temps d'inspirer par détente du ventre entre chaque mot, puis prenez plaisir à sentir cette impulsion de votre ventre, suivie de l'ouverture de votre gorge, qui vont permettre au son, concentré au départ à la base du nez ou derrière les dents, de se répandre ensuite dans toute la tête et la gorge et de s'épanouir au-dehors avec une plus grande plénitude. Repaissez-vous de cette plénitude.

III.13. *Pôle-Paul-Paul-Pôle.*

Voici deux listes de mots parallèles. La première colonne se compose de mots d'une syllabe en /*o*/ long, comme la liste /Môle/. La deuxième colonne est composée de mots en *o* clair (Paul, Molle...), voyelle qui s'écrit en phonétique internationale /*ɔ*/. Quand vous prononcez bien le /*ô*/, vous sentez maintenant votre gorge s'ouvrir.

Le son la remplit mais ne monte pas très haut dans la tête, ni très avant dans les résonateurs du masque. Quand vous prononcez le /ɔ/, au contraire, le son vient plus haut et plus en avant mais la gorge est moins profondément ouverte (chez certains, elle est même tout à fait fermée) et le son résonne trop uniquement dans le haut de la tête, il est trop léger et manque de corps.

Cet exercice, début de ce que j'appelle l'enrichissement horizontal, consiste à lire horizontalement les deux colonnes, de gauche à droite puis (après respiration) de droite à gauche, soit, pour la première ligne, Pôle-Paul, Paul-Pôle, en essayant d'enrichir les sons les uns par les autres, c'est-à-dire en tâchant que le Paul qui suit Pôle ait le même grave et la même ouverture de gorge (tout en étant nettement un /ɔ/ ouvert) et que le Pôle qui suit Paul ait la même résonance aiguë et vibration vers le masque. Vous allez ainsi commencer à donner à votre voix son maximum d'efficacité qui demande le développement simultané des résonances aiguës et graves.

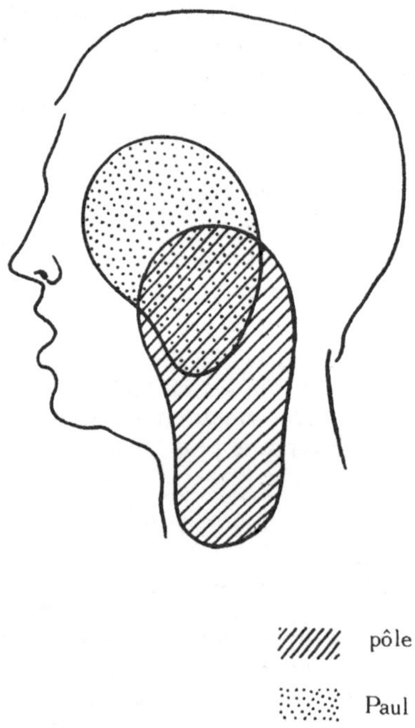

***Figure* III.13**

/o/		/ɔ/	/o/		/ɔ/
Pôle	.	Paul	Rauque	.	Roc
Môle	.	Molle	Beauce	.	Boc
Chaude	.	Choc	Fauve	.	Force
Fauche	.	Foc	Nôtre	.	Notre
Mauve	.	Moche	Paume	.	Poche
Môme	.	Morne	Hausse	.	Hotte
Fausse	.	Folle	Vôtre	.	Vote
Fauve	.	Force	Gaufre	.	Gosse
Causse	.	Col	Jauge	.	Job
Dose	.	Dock	Jaune	.	J'offre
Sauf	.	Sotte	Saule	.	Sol

IV

Quatrième semaine

Quatrième semaine

Plan du travail

A. RESPIRATION

IV.1.	Attaques du ventre et /*ch*/ avec différents rythmes	2 mn
IV.2.	Couché sur le dos. Résistance des côtes	1 mn 30
IV.3.	Debout. Tenue des côtes	1 mn 30
IV.4.	Assis à califourchon. Respiration du dos	1 mn
IV.5.	Assis sur une chaise. Respiration du dos	1 mn 30
IV.6.	Debout. Judoka	1 mn 30
IV.7.	Respiration « petit dos »	1 mn

B. APPAREIL VOCAL ET SONS

IV.8.	Langue pliée en avant	1 mn
IV.9.	Travail du /*i*/. Desserrement de la mâchoire et de la gorge	1 mn 30
IV.10.	Travail du /*i*/ sur quinte de base (2e jour, 3e, 4e, 5e)	1 mn 30
IV.11.	Travail du registre aigu sur /*ou*/	2 mn 30
IV.12.	Liste Mi-Midi	1 mn 30
IV.13.	Travail pour les voix qui n'ont que le registre aigu (à la place de IV.11.)	

La troisième semaine vous a apporté beaucoup d'éléments nouveaux et il est possible que vous nagiez un peu entre la respiration du dos et la quinte de base. Ne vous en faites pas, tout ceci va être maintenant repris et consolidé. Dans le travail respiratoire, nous nous contenterons cette semaine de perfectionner ce qui a été commencé la semaine dernière : résistance des côtes et travail du dos. Pour ce qui est de l'appareil vocal, nous commencerons le travail de la langue, la voyelle /*i*/ et nous aborderons un aspect tout à fait nouveau de nos possibilités sonores en nous lançant à la découverte de notre registre aigu (IV.11).

IV.1. *Attaques du ventre et* /ch/ *avec différents rythmes.*

Couché sur le dos, vous commencez avec la respiration du ventre sur un tempo moyen de l'ordre de la seconde : inspiration (1 seconde), expiration sonore avec /*ch*/ (1 seconde). Vous accélérez peu à peu jusqu'à arriver à un tempo de l'ordre du tiers de seconde (180 à la minute) ou au moins de la demi-seconde (120), puis vous ralentissez progressivement jusqu'à 2 secondes (inspiration : 2 secondes; expiration : 2 secondes). Mettez la main sur le ventre pour contrôler que c'est toujours le ventre qui commence inspiration et expiration.

A partir de la troisième séance, faites l'exercice debout en contrôlant le mouvement du ventre avec la main ou en vous mettant devant une glace.

IV.2. *Couché sur le dos. Résistance des côtes.*

Reprenez l'exercice III.2, en prolongeant l'expiration côtes ouvertes pendant 5 à 6 secondes. Trois fois de suite sans que les côtes bougent.

Faites le tout trois fois.

IV.3. *Debout. Tenue des côtes.*

Mettez-vous debout, de préférence torse nu devant une glace. Soufflez, videz-vous, puis laissez l'air entrer pour une grande inspiration ventre et côtes. Suspension respiratoire (1 à 8 secondes).

a) Soufflez 3 à 5 secondes en faisant /*pch*/ et en resserrant le bas-ventre sans que les côtes bougent.

b) Léger arrêt (1 seconde).

c) Lâchez le ventre (toujours sans bouger les côtes) et laissez l'air entrer.

d) Suspension du souffle. Recommencez en (*a*) une deuxième et une troisième fois. La troisième fois, à (*c*), au lieu de lâcher le ventre pour reprendre de l'air, vous videz ce qui reste d'air dans vos poumons et laissez tomber vos côtes. Si l'exercice est réussi, il vous reste encore une réserve d'air à lâcher à ce moment. Faites l'exercice trois fois.

Cet exercice est important et nous y reviendrons sous d'autres formes. Pour l'instant, essayez seulement que vos côtes ne bougent pas du tout quand vous soufflez. Il peut être utile au début de s'aider avec les mains.

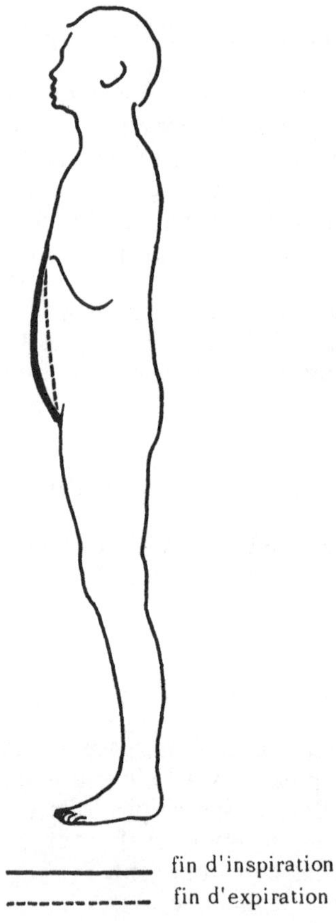

Figure IV.3

IV.4. *Assis à califourchon sur une chaise. Respiration du dos.*

La semaine dernière, dans les exercices de respiration du dos, je ne me suis pas occupé de ce que devenaient, à l'inspiration, vos épaules et votre thorax. L'essentiel était que vous acquériez la base de la respiration du dos et le travail de pivot du bassin par rapport aux vertèbres lombaires. Mais, dans 95 % des cas, j'imagine que vos épaules s'avançaient et que votre thorax se creusait par-devant tandis que votre dos se voûtait (fig. IV.4). L'idéal est d'arriver à ce que, (même si le corps se tasse légèrement sur sa base), la partie du thorax située au-dessus d'un plan horizontal qui couperait le corps entre les seins et les omoplates soit absolument neutre et non affectée par le mouvement respiratoire (cf. III.5.B).

Faites d'abord trois ou quatre respirations dorsales comme en III.5, puis retournez votre chaise pour faire IV.5.

IV.5. *Assis sur une chaise. Respiration du dos.*

Vous vous asseyez sur une chaise, nettement à l'avant, bien en équilibre sur la pointe des fesses. Vous laissez pendre vos bras le long du corps et sentez les bras et les épaules bien détendus. Essayez qu'ils le restent tout le long de l'exercice.

Soufflez, videz-vous à fond, le corps droit, en serrant bien la ceinture abdominale.

a) Laissez l'air entrer lentement, par la bouche, en détendant le ventre et en basculant le sacrum vers l'arrière. La partie supérieure du thorax reste neutre, détendue, non touchée par le mouvement.

b) Arrêt bref (1 seconde). Détente.

c) Soufflez très lentement en resserrant le bas-ventre et le sacrum, puis les vertèbres lombaires de bas en haut, sans que le mouvement de resserrement du dos monte plus haut que la base des omoplates.

Dans cet exercice, vous pouvez laisser aller le corps légèrement en arrière pour garder immobile le thorax supérieur, mais vous devez contrôler que le bassin bascule bien en arrière et que les épaules ne reculent pas plus que le sacrum (fig. IV.5).

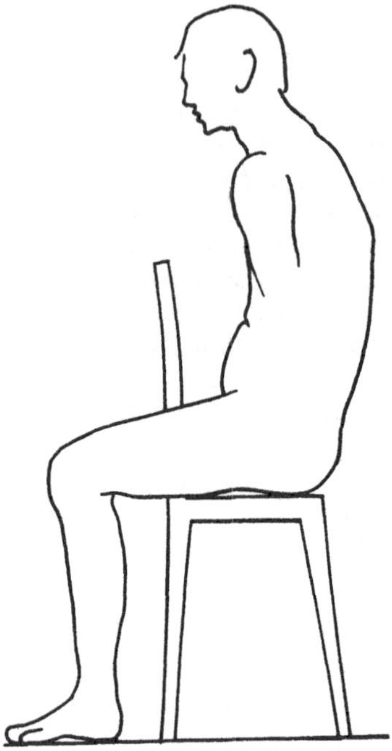

fin d'inspiration

Figure IV.4

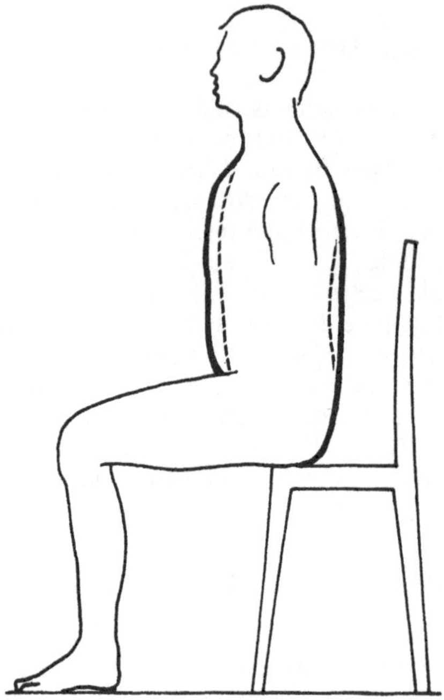

——————— fin d'inspiration
- - - - - - - - fin d'expiration

Figure IV.5

IV.6. *Debout. Position du judoka.*

Le défaut que nous avons souligné ci-dessus se retrouve aussi dans la respiration en position de judoka. Essayez de le corriger petit à petit mais en contrôlant toujours soigneusement votre mouvement de bascule du bassin.

Faites l'exercice quatre à cinq fois.

IV.7. *Respiration « petit dos ».*

Vous devez éviter de consacrer plus de la moitié de votre temps de travail à la respiration. Essayez cependant le deuxième ou troisième jour de faire l'exercice suivant.

Vous êtes debout, le corps droit, les jambes légèrement écartées. Votre avant-bras droit passe derrière votre dos et la main droite tient le bras gauche, qui pend librement, légèrement en-dessous de la saignée du coude de façon à reposer sur le sommet du sacrum et les deuxièmes vertèbres lombaires.

a) Soufflez en resserrant les reins et le ventre.

b) Arrêt (1 seconde).

c) Laissez l'air entrer en lâchant le ventre et en redressant vers l'arrière le creux du dos. Contrôlez avec l'avant-bras droit que le sacrum pivote légèrement vers l'arrière. Reprenez en (*a*). Soufflez 8 à 10 secondes avec /*ch*/.

IV.8. *Travail de la langue.*

La langue est un gros muscle capable de toutes sortes de modifications et de performances. Nous avons commencé à travailler sa pointe sur /*ble*/; nous y reviendrons. Cette semaine, nous allons travailler la souplesse et l'avancée de la partie médiane de la langue.

Devant une glace, commencez par ouvrir très grand la mâchoire, une douzaine de fois, en veillant à ce que la langue reste détendue et posée à la racine des dents inférieures. Puis laissez la mâchoire ouverte et détendue (vous devez pouvoir passer le pouce entre les incisives inférieures et supérieures), posez la pointe de la langue à la racine des dents du bas et, sans que la pointe quitte cette place, poussez en avant votre langue pliée en deux comme si vous vouliez la cracher dehors. Ramenez ensuite la langue dans la bouche en essayant de garder la mâchoire immobile.

Le premier jour, si vous n'avez plus que 4 à 5 minutes devant vous, je vous recommande d'abandonner le travail du /*i*/ et de passer directement à l'exercice IV.11.

IV.9. *Travail du* /i/.

Nous abordons aujourd'hui la voyelle /*i*/. C'est une voyelle fondamentale dans le travail vocal parce que c'est la voyelle qui a le plus de timbre, le plus d'harmoniques aiguës, et donc qui a le plus de vibrations hautes dans la tête (particulièrement dans le masque).

Au point de vue physiologique, le /*i*/ est la voyelle la plus fermée, c'est-à-dire celle où le passage entre la langue et le palais est le plus étroit. Malheureusement, cette étroitesse du passage de l'air dans la partie antérieure de la bouche est obtenue par la majorité des Français non en soulevant la langue mais en serrant la mâchoire et du même coup la gorge. C'est pourquoi, travailler les /*i*/ c'est d'abord apprendre à pousser souplement la langue, comme nous venons de le faire, en laissant la mâchoire légèrement ouverte (cf. chap. X : différents /*i*/ possibles).

a) Ouvrez la mâchoire, mettez la langue à la racine des dents inférieures et poussez-la en avant; essayez que mâchoire et langue soient détendues dans cette position. Faites alors quelques /*i*/, sans bouger langue ni mâchoire. Vous sentez que la partie médiane de votre langue vient toucher le palais dur, relativement en avant, à côté des prémolaires, mais laisse une fente au milieu pour le passage de l'air et le son. Au-delà de ce trou relativement étroit (fig. IV.9) se trouve une petite chambre de résonance délimitée par la langue, le palais et les incisives supérieures. Cherchez à mettre le son dans cette petite chambre : c'est son entrée en résonance qui va produire les harmoniques aiguës du son /*i*/. Non seulement cette petite cavité résonne mais elle fait vibrer l'extrémité du palais et la base du nez et même la zone entre les deux yeux.

b) Toujours sans bouger langue ni mâchoire faites une douzaine de /*i*/ tenus, pas forts, durant chacun 3 à 4 secondes.

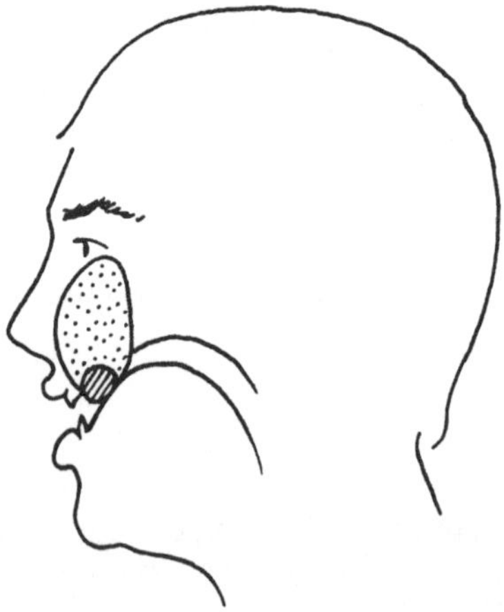

∴ //// zones résonantielles

Figure IV.9

Comme vous n'avez pas l'habitude de faire des /*i*/ avec cette position buccale, vos /*i*/ seront d'abord un peu /*é*/ ou /*e*/. Efforcez-vous de vous rapprocher du /*i*/ non pas en serrant la mâchoire (vous devez toujours avoir la place de votre pouce entre les incisives) mais en remontant légèrement la langue en avant.

IV.10. *Travail des* /i/ *sur la quinte de base.*

A la suite de IV.9, voici quatre exercices sur /*i*/. Faites-en un différent à chaque séance.

a) Continuez à faire des /*i*/ comme en IV.9, mais chantez-les sur la quinte de base en commençant par le *sol*, et en chantant quatre /*i*/ de 3 secondes chacun en respirant 1 seconde entre chaque.

Faites ensuite la même chose sur *fa*, *mi*, *ré*, *do*.

b) Le troisième jour, commencez sur *sol*, mais ajoutez ensuite le *la* avant de descendre sur *sol*, sur *fa*, sur *mi*, etc.

c) Le quatrième jour, faites d'abord l'exercice précédent, puis chantez des /*i*/ bien liés sur le rythme suivant (en gardant encore un tempo à la seconde = 60).

Faites l'exercice trois ou quatre fois. Cherchez à bien lier les deux sons, sans qu'il y ait aucune rupture entre eux. Laissez la gorge ouverte, très souple; en descendant comme en montant, essayez d'ouvrir un peu plus la mâchoire et la gorge pendant le passage d'une note à l'autre.

d) Le cinquième jour, faites d'abord l'exercice précédent, puis liez les notes par trois sur un tempo plus rapide de, par exemple, 2 secondes pour trois notes. Veillez à bien lier les trois notes.

Pas 

mais, comme sur une seule note,

en glissant bien du *do* au *ré* et du *ré* au *mi*. Ouvrez un peu la mâchoire et la gorge pendant les deux glissements, entre *do* et *ré* et entre *ré* et *mi*. Et chantez bien jusqu'au bout chaque petite phrase de trois notes sans raccourcir la troisième note.

Les registres.

Vous avez vu (si vous avez lu le chapitre x) que les voix humaines avaient plusieurs registres, et que la qualité et la force de la voix parlée dépendaient du développement du registre de médium, lequel devait être tissé à partir du registre grave et du registre aigu.
La plupart des gens parlent en utilisant le registre grave ou le médium et ignorent leur registre aigu : c'est donc celui-là qu'il nous faut d'abord découvrir et développer. Nous nous tournerons ensuite progressivement vers le grave. Il existe pourtant des cas d'hommes et de femmes qui parlent en n'utilisant que leur registre aigu. Pour les hommes cela donne une voix un peu féminine (ce qu'on appelle voix de fausset); pour les femmes une voix de « petite fille ». Pour les deux, la voix est faible et descend difficilement en dessous du *ré* du médium. Pour ceux-là, inutile de faire l'exercice IV.11. Remplacez-le par l'exercice IV.15.

IV.11. *Registre aigu sur* /ou/.

Premier jour.

a) Vous mettez un genou au sol (le droit si vous êtes droitier) dans la position du croquis, puis vous dessinez une sorte de courbe à 20 cm du sol avec votre main droite. En même temps, vous faites un petit */ou/* dans le grave de votre voix, son qui redescend, suivant la même courbe que votre main.

Vous dessinez alors une deuxième courbe avec votre main, un peu plus haute que la première, et faites en même temps une seconde courbe vocale un peu plus haute avec */ou/*. Vous continuez ainsi à monter avec votre main et avec votre voix. Cherchez à obtenir un synchronisme parfait entre le mouvement et le son.

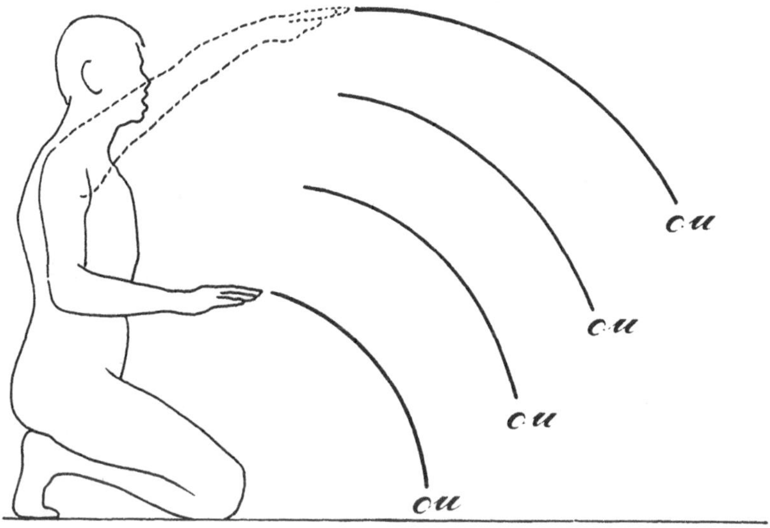

Figure IV.11 a

Au bout d'un certain moment de montée, vous aurez l'impression d'atteindre une sorte de plafond : vous sentez votre gorge qui se serre et votre voix qui refuse de monter plus haut : vous êtes arrivé au sommet d'un registre (soit le médium, soit le grave, je ne pourrais le savoir qu'en vous écoutant, mais le processus pour passer dans le registre supérieur est en tout cas le même).

Vous vous mettez debout, la main à la hauteur de l'épaule et vous recommencez des courbes mains et sons, en cherchant à être directement dans le registre aigu.

Pour les hommes, pensez à passer directement en voix de fausset; si vous n'y arrivez pas, pensez que vous imitez une voix de femme et vous vous trouverez immédiatement en registre aigu. Le son doit être pensé d'abord pas fort.

Pour les femmes, le passage dans le registre supérieur vous amène à ce qu'on pourrait appeler une voix de petite fille. Vous devez sentir qu'il y a nettement un autre type d'émission vocale. Si vous n'arrivez pas à quitter votre voix de poitrine, faites de très petits /*ou*/, les lèvres très serrées en avant, comme pour souffler une bougie; le son doit être précédé du souffle dans les lèvres *hhhhhou* et rester très doux, comme

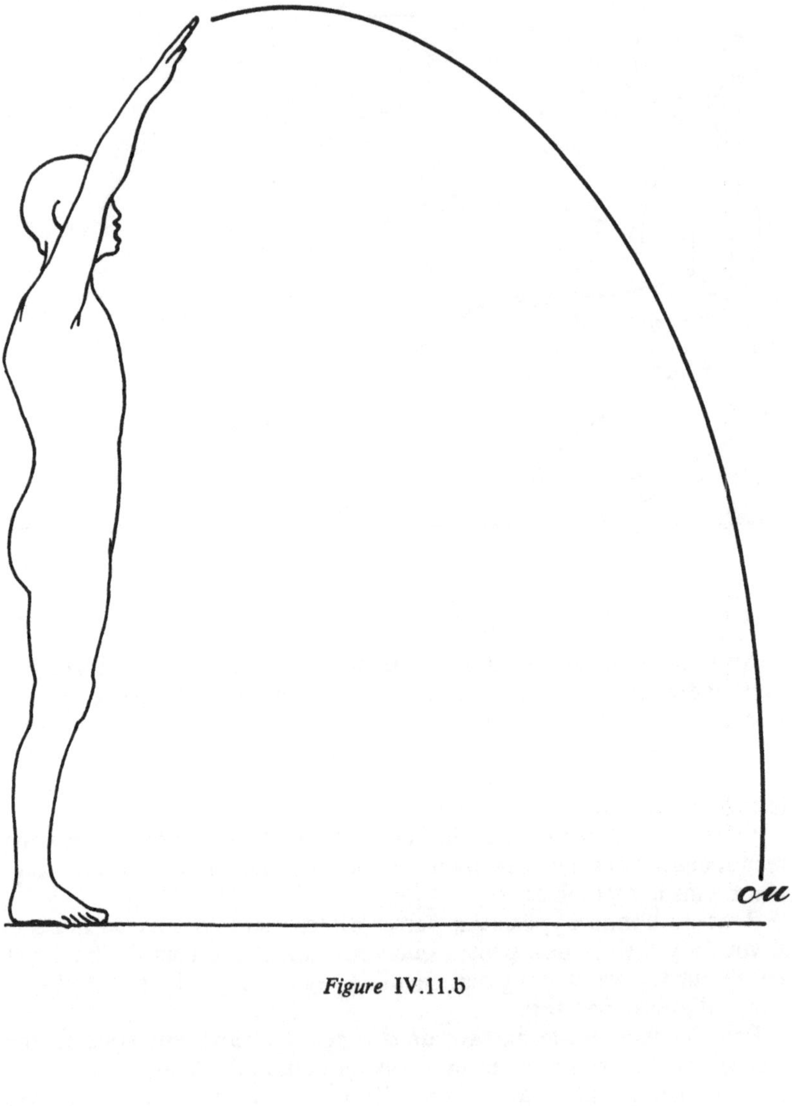

Figure IV.11.b

une petite fille qui jouerait au fantôme avec des sons très mystérieux.

Vous continuez à monter dans ce registre, avec les mains et avec les sons. Au début du registre aigu, vous devez donner du souffle mais peu de pression. En montant, vous devez donner de plus en plus de pression et les sons deviendront de plus en plus forts, jusqu'à être dans l'extrême aigu des sortes de cris.

b) Essayez alors de descendre, de cet extrême aigu, jusqu'au grave dont vous étiez parti au début, en synchronisant les mouvements de la main et le son (fig. IV.11. b). Les premières fois, vous aurez de la peine à passer dans le registre grave, et ce passage ne se fera pas sans une sorte de rupture, un « couac » : on sent nettement un changement brutal dans la gorge et dans le son. Recommencez l'exercice une deuxième fois et une troisième si vous avez le temps.

Deuxième jour.

a) Vous commencez l'exercice dans la même position et avec les mêmes types de mouvements de la main et les mêmes sons descendants qu'hier (je dis « sons descendants », c'est-à-dire que vous devez chercher à ne pas monter après l'attaque du son mais seulement à descendre : non pas 

mais 

). Seulement, au lieu de sauter dans le registre aigu, vous allez essayer d'y arriver progressivement, en continuant à monter régulièrement et sans que l'on puisse entendre le passage entre les registres.

Pour essayer de représenter cela schématiquement, on pourrait dire que, le premier jour, votre voix a délimité trois zones : une zone grave, une zone aiguë et, entre les deux, un « trou » vocal plus ou moins grand, la zone de « passage » entre les deux registres. (Cf. Le tissage des registres : chap. IX et p. 74). Nous commençons aujourd'hui notre entreprise de « raccommodage » de ce trou, qui va vous permettre d'enrichir ensuite considérablement votre registre de médium.

Pour passer harmonieusement dans le registre aigu, il faut que vous vous obligiez avant le passage :

1. à faire des sons très doux (pianissimo).

2. à faire, même dans l'aigu, des vrais /*ou*/ et non des /*o*/. En particulier la coulisse des lèvres doit être très fermée (le trou que vous laissez entre vos lèvres ne doit pas avoir plus de 3 mm de diamètre).

3. ne pas laisser le larynx monter et la gorge se fermer, mais essayer au contraire d'ouvrir la gorge et de descendre, d'avaler votre larynx. Plus vous montez, plus vous devez sentir le trou de l'arrière-gorge grand.

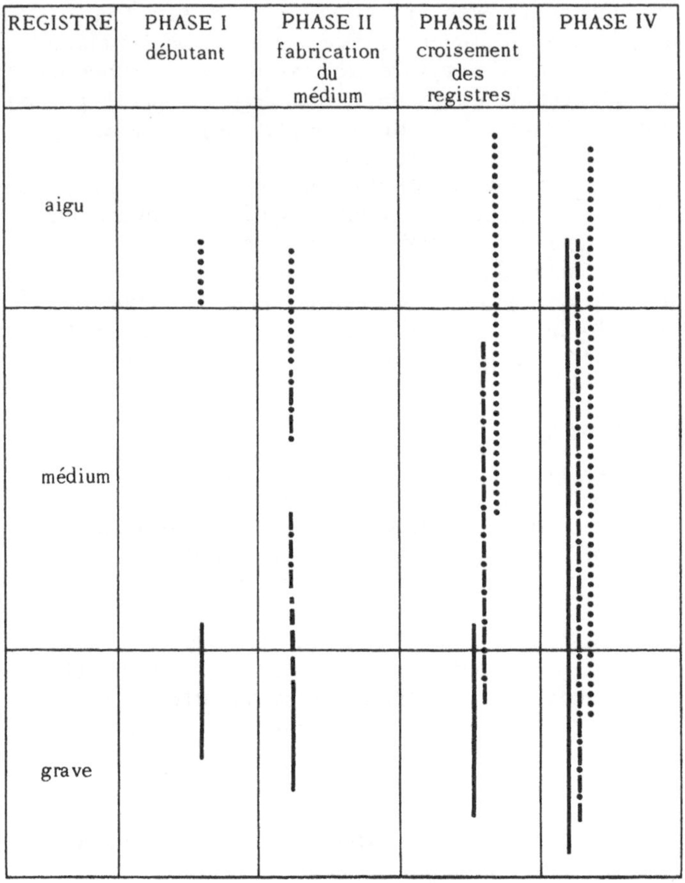

Le tissage des registres

4. Il faut donner plus de souffle et moins de pression. Pour cela, il peut être utile de mettre du souffle avant le son, et de faire des sortes de petits *hhhou.*

Dans la deuxième partie de l'exercice, je vous demande de passer de l'aigu au grave sans respirer entre les deux, ce qui est évidemment plus difficile. Cette partie descendante va devenir peu à peu la plus importante de l'exercice. Comme dans la montée, vous avez intérêt à négocier votre changement de régime sur des sons très piano. Ne soyez pas inquiet du « break » (de la rupture) entre les registres; essayez de descendre en pente de plus en plus douce et peu à peu le changement deviendra de plus en plus souple, de moins en moins perceptible.

Faites l'exercice dans sa totalité au moins trois fois tous les jours. C'est un exercice fondamental pour le développement de votre voix : il va vous permettre de débloquer votre voix dans l'aigu, de découvrir de nouveaux sons en vous, de nouvelles capacités vocales, et, à partir de ces notes aiguës, vous allez peu à peu ajouter des harmoniques à l'ensemble de votre voix, lui donner plus de timbre, donc plus de portée, plus de force.

IV.12. *Mi. Midi.*

a) Faites un *m*..., mi-bourdon, mi-mugissement, lèvres fermées et mâchoire ouverte; puis laissez venir à la même place que le */m/* un */i/*. Du */m/* au */i/* la mâchoire s'ouvre un peu plus et la langue est légèrement poussée en avant. Continuez ainsi la liste, en vous efforçant de retrouver sur chaque */i/* la position de l'exercice IV.9.

Mi	Midi	Minuit	Mimi
Mimique	Minime	Ministre	Minimum
Missile	Miscible	Missive	Mitigé
Mitre	Biche	Bible	Bille
Bile	Biste	Bitte	Bistre
Bisque	Bifide	Bigle	Biguine
Birbe	Bisbille	Bicycle	Biribi

b) Le troisième jour, prononcez les mots sur */i/* de la même manière mais à des hauteurs précises : les deux premiers sur *sol*, les deux suivants sur *fa*, continuez à descendre deux par deux jusqu'au *do*, puis recommencez du *sol*...

IV.13. *Exercices pour ceux qui n'ont que le registre aigu.*

a) Vous prenez la position du /i/ que nous avons étudié en IV.9 et en IV.10. Dans cette position, vous descendez la gamme en *do* majeur comme ceci :

Soit *do-si-la-sol*, respirez, *sol-fa-mi*, respirez, *mi-ré-do*. Plus vous descendez, plus vous avez besoin de souffle (et moins vous avez besoin de pression); pensez donc à bien respirer tranquillement entre les trois groupes de notes. Efforcez-vous de laisser la mâchoire bien ouverte tout au long de la descente et d'ouvrir de plus en plus la gorge.

Si vous n'arrivez pas jusqu'au *do* d'en bas, prenez une fois en *ré (ré-do♯si-la; la-sol-fa♯; fa-♯mi-ré)* et recommencez ensuite en *do*.

Alternez une fois la gamme entière, une fois la quinte de base *sol-fa-mi, mi-ré-do* et faites le tout deux ou trois fois.

b) Il s'agit maintenant de déclencher l'apparition du registre grave. Ouvrez grand la gorge et la bouche, aussi grand que pour bâiller. Pensez que vous avez une gueule comme le lion de la Metro, que cette gueule, vous l'ouvrez jusqu'au bas de votre corps et que votre gorge est un tuyau aussi large que votre poitrine. Dans cette position d'ouverture immense de la gorge, serrez énergiquement votre abdomen, ce qui a pour effet de faire passer dans votre gorge un courant d'air fort et bref. Vous vous donnez la note *sol* et vous faites sur cette note trois fois le son /*ha*/. Mettez beaucoup d'air dans le /*h*/ aspiré, et même dans le son /*a*/ vous devez penser que vous mettez 80 % d'air et seulement 20 % de /*a*/.

Faites ainsi trois fois de suite des /*ha*/ sur *sol*, *fa♯*, *fa*, *mi* etc. en descendant par demi-tons jusqu'au plus bas que vous pouvez.

Refaites ensuite une fois l'exercice (*a*).

Cet exercice (*b*) est assez fatiguant à cause de la grande quantité de souffle qu'il demande. Mais il peut aussi être fatigant pour la voix. Je vous conseille de ne pas le faire plus d'une fois de suite (vous pouvez éventuellement le faire deux ou trois fois par jour à quelques heures de distance) et de toujours le faire précéder et suivre de l'exercice (*a*).

V

Cinquième semaine

Deuxième mois.

Nous abordons aujourd'hui une nouvelle période de travail. Pendant les quatre premières semaines, nous avons passé environ la moitié de notre temps sur la respiration. Dorénavant, nous passerons directement à l'éveil corporel vocal avec sons.

Ce deuxième mois de travail est capital. Vous avez courageusement planté, un mois durant, la base respiratoire de votre voix. Et je suis sûr que vous en avez déjà recueilli bien des fruits; mais les plus importants restent à venir, car l'arbre entier de votre voix, ses dimensions totales, vous ne commencerez à les connaître qu'à la fin de ce deuxième mois de travail.

Pour obtenir, durant ce mois, la croissance maximale de votre voix, nous emploierons systématiquement tous les moyens à notre disposition : travail des registres vers le haut et vers le bas, enrichissement des harmoniques des sons, spécialement des harmoniques très aiguës (au-dessus de 2 500) et des harmoniques graves pour renforcer la portée de la voix et sa résistance à la fatigue, développement de l'impulsion corporelle vocale, détente de l'appareil bucco-laryngé, agrandissement et utilisation plus complète des résonateurs.

Pour profiter pleinement de ce mois décisif, je vous conseille de consacrer un peu plus de temps à votre voix durant ces quatre semaines : essayez de faire de temps en temps deux séances de travail (ou bien, avec 45 minutes que vous répartissez en 20 minutes de travail, 5 minutes de repos, et 20 minutes de travail; ou bien en ajoutant deux ou trois fois par semaine une deuxième séance de 15 à 20 minutes). Essayez également de ne pas passer plus d'un jour par semaine sans travailler votre voix. Vous avez besoin, durant ce mois, d'une concentration suffisante du rythme de votre travail : c'est le moment de donner l'essentiel de votre effort. Vous pourrez détendre le rythme durant le troisième mois.

Le travail de cette *cinquième semaine* s'organise autour des points suivants :

A. Éveil vocal et jonction du souffle et des sons (V. 1 et 2).

B. Développement de la voix : travail des registres sur */ou/* (V. 3). Travail de l'octave descendante (V. 4, 5, 6.)

C. Détente du cou, et sons sur */ou/*, */o/*, */wa/* (V. 7, 8, 9, 10).
D. Travail de phrases. (V. 11.)
Je vous conseille également de faire tous les matins, en plus du travail de la colonne vertébrale (II.14) les deux exercices (V.12 et 13) de travail de la musculation et de la souplesse des abdominaux.

Cinquième semaine

Plan du travail

A. ÉVEIL CORPOREL VOCAL

V.1.	Soupirs et sons tenus. Corps fermé ou ouvert	3 mn 30
V.2.	Jeu de l'entrée en scène avec sons	2 mn 30

B. LA VOIX

V.3.	Travail des registres sur */ou/* avec action corporelle	2 mn
V.4.	Vers l'octave (sur */mi/*)	2 mn
V.5.	Vers l'octave (sur */mou/*)	2 mn
V.6.	Octave descendante avec */i/*	2 mn 30

C. APPAREIL VOCAL. LOGATOMES

V.7.	Détente du cou	1 mn
V.8.	Avancée des lèvres et détente de la gorge avec */o/ /ou/*	1 mn 30
V.9.	Quinte de base sur */owa/*	2 mn
V.10.	Mots d'une syllabe en */wa/*	2 mn

D. PREMIER TRAVAIL DE PHRASES

V.11.	Quelques phrases	2 mn 30

V.1. *Soupirs et sons tenus.*

a) Mettez-vous devant une glace, torse nu, et poussez des soupirs. Commencez par des petits soupirs sur le malheur des temps, la cherté de la vie, puis augmentez-les en intensité jusqu'à de grands et longs et pénibles soupirs, des sortes de grandes lamentations, comme si vous étiez des pleureuses antiques.

Si vous vous regardez devant la glace, vous constatez que, à chaque inspiration, le corps se courbe en arrière (reins creusés, tête cassée vers l'arrière), tandis qu'à l'émission du son il tend à se courber

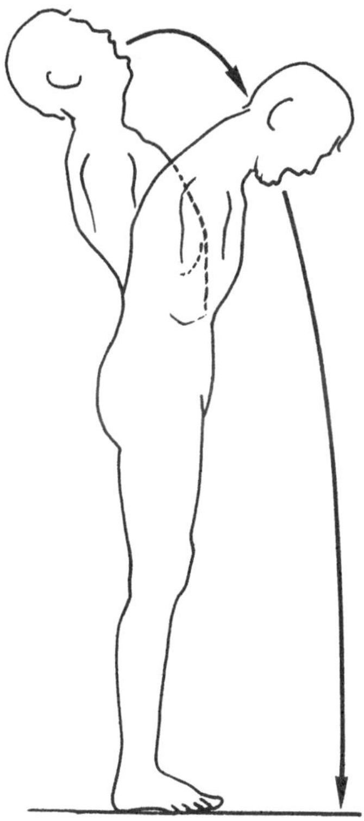

Figure V.1.a

vers l'avant. Les côtes, qui étaient grandes ouvertes à la fin de l'inspiration, s'effondrent dès l'émission du son. Quant au son-soupir lui-même, vous sentez que ce n'est pas un son projeté soutenu; même si la plainte sort relativement fort de votre bouche, le son s'effondre rapidement comme s'il venait s'écrouler là, à quelques centimètres devant vos pieds.

b) Inspirez maintenant dans la position « petit dos » (IV.7). Pendant la suspension respiratoire, posez légèrement le bout de vos doigts sur le V à l'envers des côtes, et chantez un son sur O pendant trois secondes en maintenant vos côtes ouvertes et en redressant légèrement votre corps.

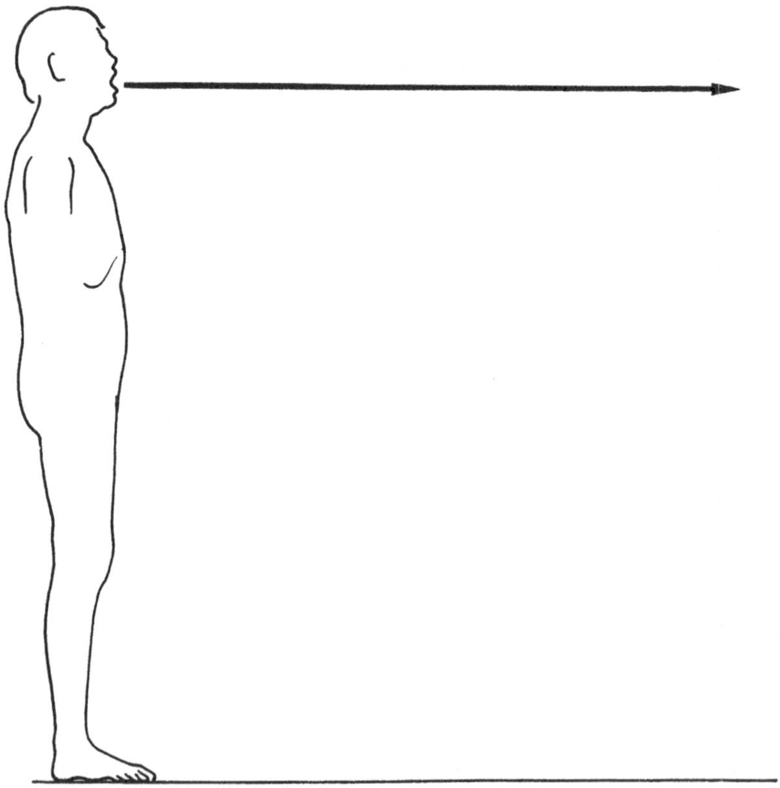

Figure V.2.b

Faites alternativement des soupirs et des sons tenus. Entendez d'abord la différence entre le soupir, qui est un son lâché, et le son tenu, projeté droit devant vous. Sentez ensuite que le fonctionnement de votre corps y est radicalement différent. Dans le soupir, le corps se ferme, « s'abandonne » et « abandonne » le son. Dans le son tenu, au contraire, l'ensemble de la musculature thoracique travaille à laisser les côtes ouvertes : cette résistance des côtes, cet effort d'ouverture maintenue du corps est à la base de l'énergie sonore.

c) La question de la tenue du son est très voisine de ce que les comédiens appellent l'ouverture du corps, question qui est conjointement psychologique et corporelle. Essayons d'en sentir l'aspect corporel.

Mettez-vous debout, le corps droit, les pieds écartés de 30 à 40 cm. Pensez-vous « fermé ». Sentez votre corps fermé : les épaules, le thorax, le ventre, le bassin, les jambes, les pieds. Puis ouvrez-vous, pas seulement des pieds, c'est le plus facile, mais du bassin et du thorax. Sentez votre corps ouvert.

Prenez ainsi une série de positions fermées sur vous-même, puis ouvertes vers l'extérieur. Passez sept ou huit fois de l'une à l'autre position. Vous y sentez que l'ouverture du thorax ne dépend pas seulement de l'ouverture par-devant du V à l'envers des côtes, mais d'une sorte d'ouverture globale du thorax et du bassin, c'est-à-dire de l'ensemble du corps, aussi bien par-derrière que par-devant.

La portée de notre voix, son pouvoir d'expansion vers l'extérieur, vers l'autre, dépendent de cette ouverture psychique et corporelle de nous-même.

d) Reprenez maintenant six ou sept sons tenus, comme en (*b*) en essayant de maintenir votre thorax ouvert tout le long de l'émission sonore.

Cet exercice d'antithèse entre les soupirs et la projection sonore qui m'a été suggéré dans sa première partie par le cours d'orthophonie du professeur Le Huche est un exercice de prise de conscience corporelle extrêmement important. Le premier jour, vous allez y rester 4 ou 5 minutes et je vous conseille de passer directement à l'exercice V.3.

V.2. *Ouverture du corps et « entrée en scène ».*

a) Soufflez. Arrêt. Inspirez « petit dos », avec contrôle du bras la première fois, puis simplement en sentant le travail du dos. Suspension du souffle : 1 seconde. Pendant cet arrêt, vous imaginez que vous êtes derrière un rideau de scène qui s'ouvre en son milieu. Vous prenez alors le rideau imaginaire avec vos deux mains en l'attrapant à la hauteur de votre bas-ventre et vous l'ouvrez lentement, en avançant de deux pas et en faisant un son de 3 à 4 secondes sur */o/*. Ce début du son doit correspondre au début du mouvement d'ouverture du rideau. Les épaules sont totalement détendues; les bras (également détendus) s'ouvrent tout le long de la durée du son, les mains dessinant un demi-cercle horizontal jusqu'à venir de part et d'autre du corps à environ 40 cm des hanches à la fin du son. Le mouvement d'ouverture des bras est accompagné d'un mouvement d'ouverture du corps (et de tenue des côtes); vous avancez.

Quand on entre sur scène, on reçoit brusquement sur soi le tir de quelques centaines ou milliers de regards. Si nous arrivons à supporter le choc, à ne pas nous fermer mais au contraire à nous ouvrir davantage, c'est gagné. Il en va de même quand nous avons à prendre la parole devant dix ou vingt personnes.

Prenez cet exercice comme un entraînement à la prise de parole. « Entrez en scène » six ou sept fois, et, chaque fois, affirmez tranquillement et vous-même, et votre corps qui s'ouvre, et la projection de votre son.

A partir du troisième jour, jouez seulement d'un bras, changez de bras à chaque fois, et également de hauteur de son, comme si vous faisiez un petit numéro. L'essentiel est dans cette sensation d'ouverture de votre être pendant le son.

V.3. *Courbes sonores sur* /ou/ *avec mouvement corporel. Unification des registres.*

Cet exercice reprend le travail du registre aigu de la semaine dernière, mais en insistant sur l'activité corporelle et sur l'unification des registres.

Dans ce dernier but, vous commencez tous vos petits sons sur */ou/* dans le grave, mais chaque courbe montera un peu plus haut que la précédente.

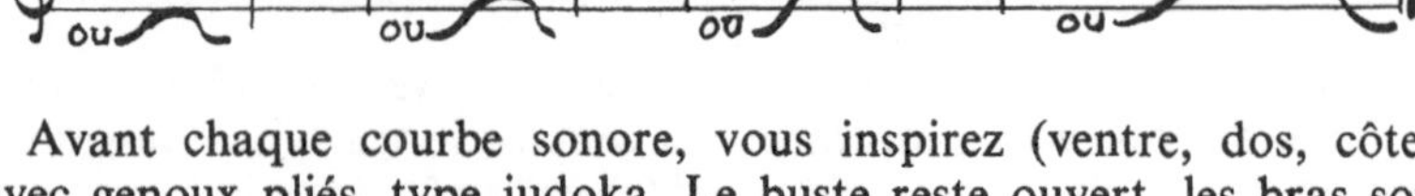

Avant chaque courbe sonore, vous inspirez (ventre, dos, côtes) avec genoux pliés, type judoka. Le buste reste ouvert, les bras sont détendus, les mains reposant à l'intérieur des cuisses. L'ensemble de ce mouvement inspiratoire est semblable à un élan que vous prendriez pour un saut au ralenti.

A la fin de l'élan, vous déclenchez en même temps la remontée et le redressement du corps, et la courbe sonore. Les mains, qui étaient tournées vers le corps, remontent, comme si elles envoyaient un objet : elles décrivent un cercle devant la poitrine, s'ouvrent vers le haut et redescendent lentement; à la fin du son, les avant-bras sont à peu près perpendiculaires au corps, les paumes tournées vers le haut. Le corps, lui, se redresse pendant toute la durée de la courbe sonore, de façon à être tout à fait droit à la fin du son. Sentez que l'essentiel de ce mouvement de bas en haut du corps est dans vos cuisses : c'est leur action qui déclenche le son et le soutient jusqu'à son terme.

Faites ainsi une vingtaine de courbes sonores, chacune montant plus haut que la précédente. Réglez le mouvement de votre corps et la courbe de votre voix sur les dimensions de la courbe sonore : petite inspiration du dos et petite courbe des mains pour les premiers */ou/*; vers le septième, vous prenez une bonne inspiration type judoka et la courbe de vos mains monte à la hauteur du sommet de votre tête. Ensuite, vous continuez à plier de plus en plus les genoux, et à vous ramasser de plus en plus sur vous-même à chaque fois pour que la courbe des mains devienne de plus en plus grande. Vous devez arriver à passer nettement dans le registre aigu (entre la douzième et la quinzième courbe) et continuer à monter pendant les quatre ou cinq sons suivants. Veillez bien, même quand vous irez très haut dans l'aigu, à redescendre chaque fois dans le grave de votre voix. Cherchez à négocier le mieux possible le « passage » entre les registres; si le son fait « plouc » ce n'est pas grave : essayez seulement que la rupture soit le moins sensible possible, de façon à unifier au maximum les registres.

V.4. *Vers l'octave sur* /mi/ *et* /mou/.

Nous n'avons travaillé jusqu'à présent que les cinq premières notes de l'octave : *do*, *ré*, *mi*, *fa*, *sol*. Nous allons nous familiariser maintenant avec les trois dernières notes : *la*, *si*, *do*. Je vous conseille de faire très à fond cet exercice et d'y passer tout le temps nécessaire le premier jour car il vous introduit au travail sur l'octave descendante qui sera un de nos principaux exercices techniques pendant ces quatre semaines.

Il faut d'abord vous accoutumer à *sol*, *la*, *si*, *do*. Si vous n'avez aucune difficulté, en vous jouant le *do* aigu, à descendre *do*, *si*, *la*, *sol*, en faisant des petits /*mi*/ ou des petits /*mou*/, passez directement à l'exercice V.6. Sinon, prenons notre temps ensemble pour gagner les notes une à une. Certains d'entre vous travaillent sur les quintes *la-mi* et *si -fa :* nous allons monter ensemble jusqu'au *sol*. Les autres passent directement à *a*).

Spécial voix graves. Jouez-vous le /*mi*/ du milieu et chantez-le cinq fois en faisant des /*mi*/ brefs, pas forts mais bien nets. Cherchez à ce que la mâchoire soit bien détendue comme en IV.12. Faites ensuite cinq /*mi*/ sur *fa*, puis trois fois *mi fa mi fa mi* [1].

Vous recommencez la même chose avec *fa* et *sol :* cinq *fa*, cinq *sol* et trois fois *fa sol fa sol fa*.

Vous pouvez maintenant passer en *a*).

a) *Pour tous*. Jouez-vous le *sol* du milieu. Chantez cinq petits *mi*, légers et brefs, sur cette note. Puis faites de même cinq petits *mi* sur *la*. Chantez ensuite cinq petits /*mi*/ sur *sol la sol la sol*, bien tranquilles et en détendant bien la mâchoire :

1. Le signe Y indique une respiration brève par lâcher du ventre. Le signe — indique une grande respiration : videz tout et reprenez l'air sans hâte par détente du ventre et ouverture des côtes.

b) Puis, vous jouez *sol la si*, et chantez trois fois *sol la si la sol* toujours avec des petits /*mi*/ C .

c) Enfin, chantez trois fois *sol*, *la*, *si*, *do*, *do*, *si*, *la*, *sol*. Je vous conseille de prendre de brèves inspirations du ventre entre chaque /*mi*/, sauf entre les deux sur *do*, où il vaut mieux prendre tranquillement une grande inspiration totale D .

Maintenez, jouez et chantez trois fois la quarte descendante *do si la sol* en notes piquées, puis trois fois en notes liées deux par deux. Enfin, trois fois, liées, vite, les quatre notes descendantes E .

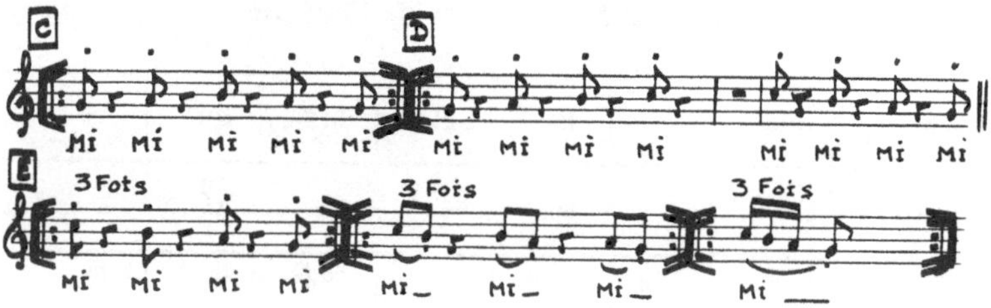

Si tout s'est bien déroulé pour vous dans cet exercice, passez directement à V.6. Dans les prochains jours, je vous conseille d'essayer une fois la montée sur /*mou*/ (V.5). Dès que ces deux exercices sont faciles pour vous, vous sautez directement de V.3 à V.6.

Si vous vous étranglez, ou n'arrivez vraiment pas au *si* et au *do* sur /*mi*/ essayez-les sur /*mou*/ dans l'exercice suivant. Si vous n'arrivez pas au *la*, passez directement, dans V.5, à *Spécial voix graves*.

V.5. *Vers l'octave sur* /mou/.

Reprenez l'exercice V.4 en remplaçant les /*mi*/ par des petits /*mou*/. Le /*ou*/ est fait avec une petite avancée et fermeture des lèvres en forme de petit groin. Ne cherchez pas à chanter le /*ou*/ fort, mais à le placer dans la coulisse des lèvres, à la même place de vibration que le /*m*/. Si vous êtes dégagé de tout souci de justesse, vous pouvez ajouter à l'exercice de débuter le /*m*/ par une attaque du ventre comme en III.12. Reprenez ainsi *a*) et *b*) etc. de V.4 avec des petits /*mou*/ brefs et légers.

Spécial voix graves. Même les voix graves peuvent généralement monter jusqu'au *do* (et je suis sûr que dans les courbes sur /*ou*/ en voix de tête vous montez beaucoup plus haut que ce *do :* probablement jusqu'au *do* de l'octave au-dessus dit « contre-ut »). Cependant si votre voix est très engravée et si vous n'arrivez vraiment pas à monter, faites l'exercice un demi-ton ou même un ton et demi plus bas, selon la grille d'équivalences.

Si vous n'avez plus que quelques minutes de travail, essayez de faire encore, le premier jour, V.7 et V.8.

Grille d'équivalences de l'octave							
ré	do♯	si	la	sol	fa♯	mi	ré
DO	SI	LA	SOL	FA	MI	RÉ	DO
si	la♯	sol♯	fa♯	mi	ré♯	do♯	si
si♭ (la♯)	la	sol	fa	mi♭ (ré♯)	ré	do	si♭ (la♯)
la	sol♯	fa♯	mi	ré	do♯	si	la

V.6. *Octaves descendantes.*

Trois cas se présentent : 1) vous pouvez chanter les notes de *do* à *do*, et vous lisez l'exercice suivant comme il est écrit. 2) Vous êtes dans les *voix graves*, et vous transposez en *si*, *si*^{b} ou *la.* 3) Vous êtes dans les *voies aiguës* et n'arrivez pas à descendre jusqu'au *do*. Dans ce cas, travaillez sur l'octave *ré* à *ré*. Si pourtant le *ré* aigu vous est difficile, reprenez tout l'exercice V.5 mais un ton plus haut. Si vous êtes dans les voix graves ou aiguës, transposez l'exercice suivant selon la grille des équivalences.

a) Chantez comme suit l'octave descendante : commencez par souffler, laissez l'air entrer (ventre, dos, côtes), puis légère pression du ventre et, quasi en même temps, chantez /*mi*/ sur le *do* aigu. Lâchez le ventre sur le soupir 𝄽, laissez l'air entrer, et chantez de nouveau un /*mi*/ léger, pointu, piqué sur *si;* chantez ainsi, relativement vite, *do*, *si*, *la*, *sol*. Puis soufflez tout, laissez l'air entrer, ventre, dos, côtes, et recommencez *sol — fa — mi* avec des respirations brèves par lâcher de ventre. Grande respiration. Et vous rechantez, toujours en sons piqués, légers, *mi*, *ré*, *do*.

Nous abordons ici le premier exercice de ce que j'appelle l'*enrichissement vertical*. Le /*mi*/ sur *do*, donne un /*i*/ peut-être léger, mais très clair, aigu, pointu, qui vient bien résonner entre les deux yeux. Et puis, en descendant la gamme, ce /*i*/ tend à s'assombrir, devient plus sourd, presque /*u*/ ou /*e*/, il perd de ses résonances aiguës et on a l'impression qu'il bascule dans la gorge. Écoutez vos sons et cherchez à garder, tout le long de la descente, les harmoniques aiguës du /*i*/.

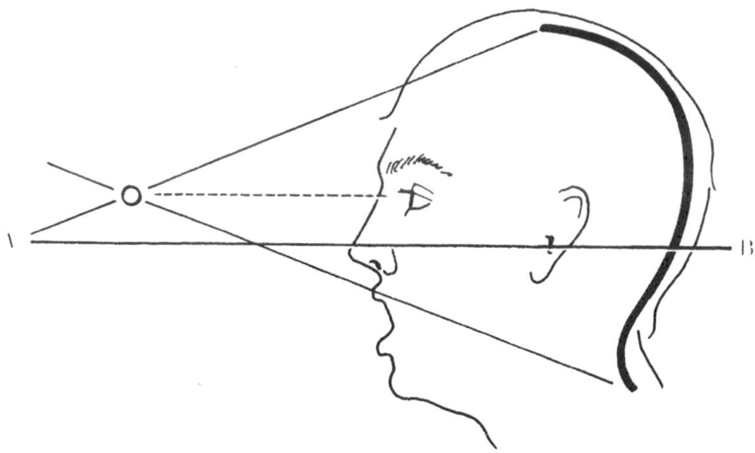

Figure V.6

Recommencez l'exercice comme en (*a*) quatre ou cinq fois.

b) A la deuxième séance, reprenez comme en (*a*) puis descendez la gamme en liant les sons deux par deux comme ceci :

L'essentiel est d'essayer de garder toujours le même « plan de résonance » aigu (cf. fig. V.6); de ne pas laisser la voix « tomber dans la gorge ». Pour vous aider à ce que les sons gardent leur plan de résonance haute, vous allez faire avec vos mains un mouvement vers le haut.

Soufflez, videz tout, laissez l'air entrer, ventre, dos, côtes, tout en gardant les épaules et le thorax bien « ouverts ». Mettez vos mains en coupe devant votre ventre comme si vous portiez un ballon de football. Chantez *mi-i* sur *do-si* pendant environ une seconde. Les deux sons doivent être très liés, avec un petit « port de voix », c'est-à-dire que vous glissez lentement et légèrement, sans aucune rupture, d'une note à l'autre. En grossissant le mouvement, cela donnerait :

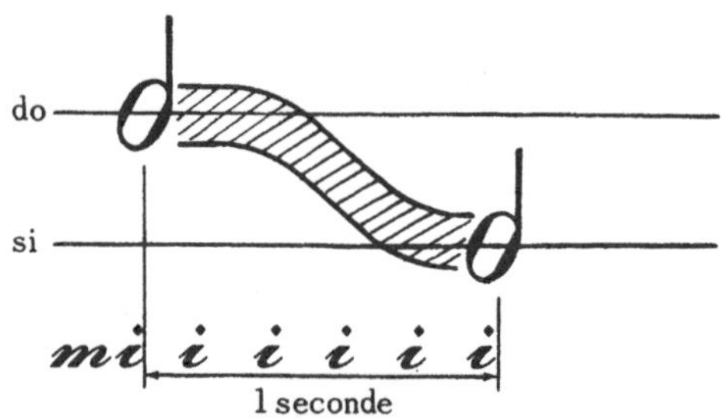

Au moment où vous attaquez le /*mi*/, vous commencez à élever le ballon, dans un mouvement régulier, pour qu'il arrive à peu près à la hauteur de votre bouche à la fin du son. Pour lutter contre l'envie (du son) de tomber dans votre gorge, pensez que vous « remontez » chaque son comme vous montez votre ballon. Faites ainsi vos sept « ports de voix » avec chaque fois un mouvement ascendant des bras et des mains. Ne vous contentez pas d'un mouvement gratuit des mains, pensez que vous portez vraiment quelque chose : tout votre corps doit y participer.

V.7. *Détente des muscles du cou.*

Nous avons vu au chapitre x que le larynx était accroché par des muscles qui pouvaient le tirer vers le haut ou vers le bas. Nous avons travaillé jusqu'ici l'ouverture intérieure de la gorge; il nous faut maintenant travailler la détente des muscles tracteurs du larynx.

Enfoncez légèrement les trois grands doigts de chaque main dans votre cou, de part et d'autre de la trachée, de façon à ce que les annulaires soient à la hauteur du larynx ou un peu au-dessus. Puis pressez légèrement la pulpe de vos doigts à droite et à gauche. Cherchez à ce que le cou soit le plus détendu, le plus mou possible. Ne vous faites pas mal, mais ne soyez pas non plus trop craintifs : votre trachée est un tube relativement souple et vous pouvez sans crainte la déplacer d'un bon centimètre vers la droite ou vers la gauche.

V.8. *Avancée des lèvres et détente de la gorge sur* /o/ /ou/.

a) Chantez un /*o*/ sur la note *do* (le *do* du bas de votre quinte). Les lèvres sont légèrement rapprochées. Sentez la mâchoire, la langue et la gorge bien détendues. Puis chantez, toujours sur *do*, *o* - *ou* - *o* - *ou* - *o*. Pour faire le *ou*, les lèvres se rapprochent et s'avancent légèrement en forme de groin. Comme vous l'avez fait (mais sans sons) en III.8, cherchez à ce que ce mouvement des lèvres ne provoque aucun changement, aucune contraction dans la gorge. Chantez ainsi les cinq notes de votre quinte, une à une, en montant et en descendant.

b) Refaites le même exercice qu'en (*a*), mais en ballottant tout le temps votre larynx de droite et de gauche comme vous l'avez fait en V.7.

V.9. *Quintes sur* /o/w/a/.

Après le /*o*/, le /*ɔ*/, le /*i*/ et le /*ou*/, nous abordons cette semaine la voyelle *a*. En français, le son-voyelle /a/ est souvent prononcé avec contraction de la mâchoire, des lèvres, et resserrement de la gorge. Pour éviter ces défauts, nous allons lier des *a* clairs /a/ à la voyelle /*o*/ et à la semi-voyelle /*w*/.

Chantez, sur *do* grave, /*o*/ /*ou*/ /a/. Puis, au lieu de chanter des voyelles d'égale longueur, liez /*o*/ à /a/ avec la semi-voyelle /*w*/ qui est une sorte de /*ou*/ très bref (comme dans moi /*mw*a/ ou doigt /*dw*a/.

Sur le /*o*/, la mâchoire est ouverte, les lèvres légèrement arrondies, le fond de la gorge large, arrondi, ouvert, détendu. Pendant le passage du /*ou*/ puis le /a/, cherchez à ce que l'ensemble mâchoire-langue-gorge soit toujours détendu et quasiment toujours dans la même position que pour le /*o*/. Seules les lèvres bougent : elles avancent comme un petit groin pour le /*w*/, et se détendent complètement pour le /a/.

Chantez ainsi, dans la continuité du /*o*/, *ow*a - *w*a - *w*a - *w*a, sur *do*, puis sur toutes les notes de la quinte en montant et en descendant.

V.10. *Mots d'une syllabe en* /wa/.

Voici une liste de mots en /*w*a/ :

a) Prononcez lentement tous les mots de la colonne de gauche. Mastiquez-les. Goûtez-les bien. Jouissez de la plénitude de ces /a/ la gorge grande ouverte. Vous devez bien sentir le passage glissé du /*w*/ qui, pendant une très petite fraction de seconde, est vraiment /*ou*/ : ne dites pas /*m*/*e*/a/*r*/, ni /*m*/*eu*/a/*r*/, mais vraiment /*m*/ *ou* /a/*r*/; seulement, ne prononcez pas deux syllabes /*mou*/ et /a/, mais /*m*/ et un glissando continu de /*ou*/ à /a/. Veillez à ce que le /a/ soit vraiment un /a/ et non /*a*/. Cette première colonne est composée de /a/ longs; profitez-en pour les allonger beaucoup, qu'ils durent près d'une seconde et remplissent tout l'espace autour de vous.

b) Lisez les mots un à un, ligne par ligne, en gardant sur les deux autres colonnes la même plénitude vocale que sur la première (même si le son est plus bref).

Liste en wa

Moire	Moi	Moite
Gloire	Moelle	Moine
Noir	Noise	Nouage
Boire	Boite	Bois
Poire	Poivre	Pouah!
Voire	Voile	Vois!
Soir	Soif	Soit!
Couard	Quoi!	Couac!
Choire	Coi	Coite
Foire	Fois	Poil
Loire	Toise	Toi
Hoire	Oise	Sois

V.11. *Quelques phrases.*

Vous arrivez sans doute à obtenir sur /*wa*/ des sons d'une syllabe plus brillants et plus larges que vous n'en avez jamais eus. Mais si vous dites d'autres mots, ou des phrases entières, toutes les autres voyelles vont se trouver rétrécies par rapport à celle-là. Le but de cet exercice est de tendre à obtenir sur des phrases entières la même largeur sonore que sur /*wa*/.

Nous allons commencer avec deux vers de Victor Hugo que nous avons déjà vus le premier jour.

> La mer! Partout la mer! Des flots, des flots encor.
> L'oiseau fatigue en vain son inégal essor.

a) Commencez par dire 2 ou 3 fois les deux vers, pour les apprendre par cœur, en respirant tranquillement à chaque ponctuation. Soit : grande inspiration tranquille — *La mer* — Inspiration. *Partout la mer.* Inspiration tranquille. *Des flots.* Inspiration. *Des flots encore.* Grande inspiration détendue. *L'oiseau fatigue en vain son inégal essor.*

b) Dites maintenant à voix large et forte owa-wa-wa. Sentez, comme dans l'exercice précédent, la large ouverture de votre gorge; jouissez de la plénitude des sons qui remplissent la gorge et se répandent largement au-dehors. Sentez aussi que vous avez besoin d'un souffle soutenu longtemps pour pouvoir maintenir une ouverture de gorge jusqu'à la fin du dernier /a/.

Imaginez que vous déclenchez et soutenez devant et derrière vous un flot sonore qui remplirait un tuyau très large depuis votre poitrine jusqu'au haut de votre tête (croquis V.11). Vos *wa-wa* remplissent totalement le tuyau. Essayez ensuite que les deux syllabes de *la mer* se répandent de même, remplissant du même flot égal la même largeur de tuyau. Continuez avec la suite du texte en disant deux ou trois *wawa* bien liés avant chaque phrase ou morceau de phrase, et en essayant de retrouver sur l'ensemble de la phrase les mêmes sensations de largeur vocale que sur /*wa*/.

Vous n'y parviendrez pas et nombre de syllabes seront plus fermées que vos /*wa*/. Néanmoins, il ne faut pas vous attarder à corriger spécialement telle ou telle voyelle, mais simplement chercher à retrouver sur l'ensemble de la phrase la même largeur que sur les /*wa*/.

Que vos phrases soient de deux, quatre ou douze syllabes, pensez-les non comme une suite de syllabes, mais comme une unité, un flux régulier qui commence à la première syllabe et que vous soutenez jusqu'à la fin de la dernière syllabe.

c) Après avoir travaillé ces deux vers avec *wawa*, dites-les deux ou trois fois, très largement, avec les mêmes coupures respiratoires.

Pour bien soutenir tout le temps les sons dans leur largeur, vous pouvez encore vous imaginer dans la situation de la figure V.11, et envoyer les sons comme un vaste flux qui remplit totalement ces deux gros tuyaux, devant et derrière vous.

Vous pouvez aussi reprendre la situation du texte de Hugo et imaginer que vous êtes ce « Feu du ciel », ces gros nuages lourds de menace que Dieu pousse vers la ville qu'il veut détruire et qui, traversant l'océan, découvrent son étendue sans limite. Imaginez la grande houle de l'océan sous vos yeux, avant de dire « *la mer* »; puis découvrez de nouveau cette immensité sans fin toujours semblable à elle-même, phrase après phrase. Enfin, après les quatre phrases du premier vers, envoyez bien régulièrement les douze pieds du dernier vers, tout droit devant vous comme la trajectoire d'un pigeon ramier, jusqu'à la dernière syllabe.

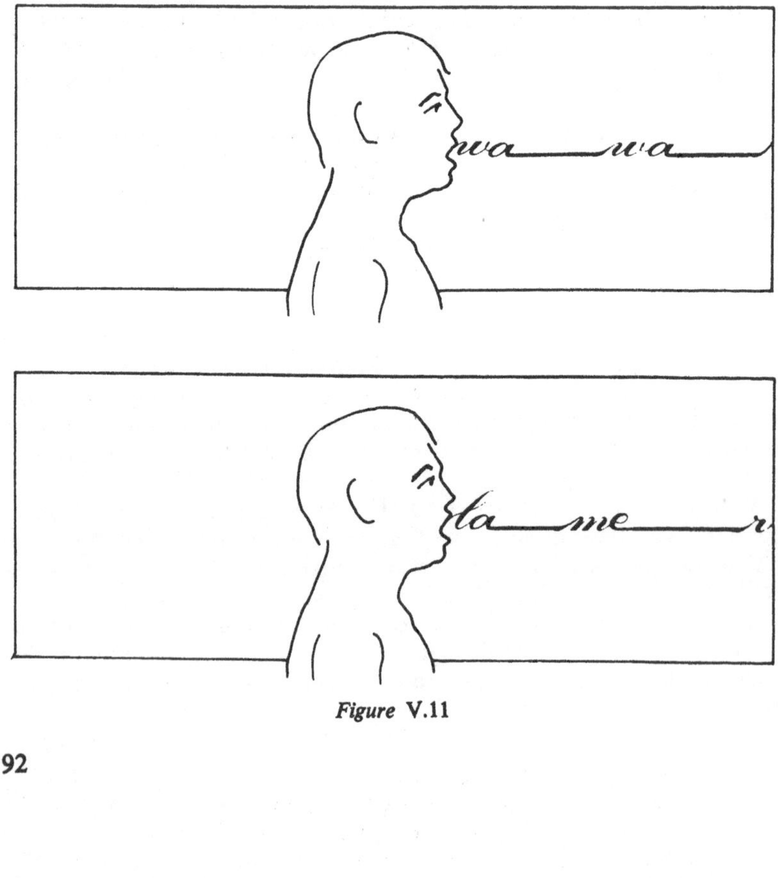

Figure V.11

ADDENDA. TRAVAIL DES ABDOMINAUX

V.12. *Bicyclette sur le dos.*

L'activité des muscles de l'abdomen est tout à fait nécessaire au soutien du souffle et du son. Nous avons entraîné cette activité dans les nombreux exercices respiratoires que nous avons effectués tout au long des quatre premières semaines. Maintenant que nous ne faisons plus guère d'exercices respiratoires proprement dits, je vous conseille de prendre deux ou trois minutes tous les matins au réveil pour ajouter ces deux petits exercices à l'exercice de souplesse de la colonne vertébrale indiqué en II.14.

Couché sur le dos, les bras étendus de chaque côté et un peu écartés du corps, commencez par contrôler la détente de votre cou (et des épaules et des bras et de la mâchoire) en roulant le haut du corps (épaules et tête) légèrement vers la droite et la gauche.

Ensuite, tout en continuant à contrôler la détente du cou et des épaules, commencez à pédaler lentement avec vos jambes. L'idéal est de faire un grand mouvement qui replie complètement chaque jambe contre la poitrine, puis la déplie totalement vers le haut dans un mouvement arrondi qui l'amène finalement tendue au ras du sol avant de revenir se replier sur la poitrine. Mais ce mouvement demande déjà une bonne force des abdominaux et il faut avant tout régler votre mouvement de façon à ce que le cou, les épaules et la mâchoire soient totalement détendus. Soufflez et inspirez régulièrement dans un rythme lié au mouvement de vos jambes. Par exemple, soufflez sur trois coups de pédale et inspirez sur trois (ou quatre-trois, ou cinq-trois, ou six-deux). Essayez de trouver le rythme qui vous convient le mieux pour faire, par exemple, une cinquantaine de « coups de pédale ».

V.13. *Le petit chien.*

L'exercice V.12 est un exercice de développement de l'énergie musculaire. Pour ne pas risquer de fortifier les muscles en les raidissant, il est prudent de faire suivre cet exercice par le suivant.

Vous vous mettez accroupi, les genoux écartés, les bras passant à l'intérieur des cuisses et les mains reposant sur le sol (dans une position vaguement de grenouille). Dans cette position, vous haletez, comme un jeune chiot qui a beaucoup couru, avec pressions rapides du ventre. Vous pouvez respirer par le nez ou par la bouche du moment que la mâchoire est légèrement ouverte. Faites ainsi, très à fond, une trentaine de resserrements et détentes successifs du ventre.

VI

Sixième semaine

Le développement de votre voix doit être votre œuvre et je voudrais que, de plus en plus, vous deveniez vous-même l'organisateur de vos séances de travail. Au début, il vous fallait un ordre strict. Vous n'étiez pas assez conscient, ni de votre voix, ni du travail vocal, pour pouvoir choisir le meilleur ordre pour vous. Maintenant, je vous invite à prendre peu à peu en main l'organisation de votre travail.

Cette semaine, vous déciderez vous-même de la première partie (éveil corporel vocal). Les deux prochaines semaines, vous organiserez également la deuxième partie (développement de la voix).

Voici quelques propositions pour cette première partie.

A. Propositions pour l'éveil corporel-vocal

Pendant les cinq premières minutes de votre « training » vocal, il est bon de commencer par une sorte d'échauffement progressif, et de la musculature respiratoire, et de la musculature vocale.

Respirations.

• Cet échauffement peut commencer directement par des sons avec contrôle corporel. Mais il faut aussi en profiter, mettons un jour sur deux, pour « réviser » votre fonctionnement respiratoire.

a) Dans cette révision, commencez par : 1. Respiration abdominale pure (couché ou debout). Puis enchaînez : 2. Grande inspiration ventre et côtes : les côtes doivent s'ouvrir. 3. Grande expiration en deux temps : ventre seul (au moins 4-5 secondes) puis ventre et côtes. Vous pouvez insister plus sur 2) (comme en II.2) ou sur 3) (comme en II.3). Il est très bon de vous entraîner à allonger la durée de l'expiration sonore (soufflez sur 20, 30, 40, 50 secondes).

b) Vous devez commencer à connaître vos points faibles et organiser vos exercices en conséquence : travailler la résistance des côtes à l'expiration ou l'ouverture du dos et la détente inspiratoire. Je vous indique ci-après quatre exercices permettant d'entraîner la respiration par le nez (VI.1. et VI.2.), la respiration du dos (VI.3.), et enfin un exercice de respiration « synthétique » qui peut faire un très bon début de mise en train rapide (VI.4.).
c) Dans cet éveil respiratoire, vous sonorisez votre expiration : profitez-en pour faire des consonnes continues *(ch, s, f)*, ou entraîner vos lèvres (avec un son fait par roulement des deux lèvres l'une contre l'autre, comme les enfants quand ils imitent un moteur, soit en pur bruit *pppppp*, soit avec son laryngé *bbbbbbb*), ou entraîner la souplesse de la pointe de votre langue en la faisant rouler derrière les incisives supérieures (avec le /*r*/ roulé).

• Vous pouvez aussi commencer en faisant directement des sons comme la semaine dernière (V.1. et 2.) ou comme dans l'exercice ci-après (VI.4.).

VI.1. *Respiration du nez.*

Ouvrez la mâchoire en laissant les lèvres closes. Puis inspirez comme en II.8, en dissimulant un bâillement. Mais cette fois-ci dissimulez complètement le bâillement en laissant l'air passer seulement par le nez. Sentez le passage de l'air dans le nez et les sinus jusque derrière les yeux. Sentez aussi l'ensemble de la cavité pharyngée grande ouverte. Cette sensation d'ouverture du pharynx pendant l'inspiration vous permet d'inspirer par le nez avec l'appareil vocal détendu et déjà prêt à l'action vocale.

VI.2. *Respiration du nez (suite).*

Pour que l'air puisse entrer tranquillement par le nez, vous pouvez entraîner l'ouverture intérieure du conduit nasal.

a) Prenez doucement vos narines entre le pouce et l'index. Laissez l'air entrer par la seule narine gauche; la narine droite est fermée par le pouce. Sentez l'ensemble du conduit, depuis la narine jusqu'au haut du nez, très large.

b) Suspension respiratoire.

c) Fermez la narine gauche avec l'index, dégagez la narine droite et soufflez lentement par la narine droite avec conscience de l'ouverture du nez.

d) Arrêt.

e) Laissez l'air entrer par la narine droite, comme vous venez de le faire par la gauche.

Faites ainsi une dizaine de respirations lentes en alternant les narines, et en reprenant toujours l'inspiration par la narine qui vient de souffler. C'est un exercice très détendant que vous pouvez très bien faire assis : le corps droit, sur une chaise ou sur le sol (ou en position de lotus, comme les yogi). Respirez comme vous en avez maintenant l'habitude, avec détente du ventre (et du dos) à l'inspiration. Soufflez en commençant par le ventre.

VI.3. *Ouverture des côtes dans le dos.*

L'ouverture du diaphragme dans le dos est liée *a*) à la colonne vertébrale *b*) aux côtes flottantes. Pendant les 3e et 4e semaines, vous avez beaucoup travaillé au redressement vers l'arrière de la colonne vertébrale avec bascule arrière du sacrum (III.5-6-7) (IV, 4-5-6-7), mais sans insister sur l'autre aspect, plus sensible dans l'exercice couché III.4., d'ouverture des côtes dans le dos.

Vous êtes debout, le corps droit, les jambes légèrement écartées. Posez vos mains sur vos reins, de façon à sentir avec votre paume le haut du sacrum, la colonne vertébrale et les côtes flottantes (région où est accroché le diaphragme dans le dos (cf. fig. VI.3).

a) Soufflez, videz tout, en serrant fortement la ceinture musculaire, particulièrement sous les paumes des mains.

b) Laissez l'air entrer (ventre, dos, côtes), en insistant particulièrement sur la détente des muscles des reins et l'ouverture des côtes flottantes dans le dos. Vos côtes flottantes sont comme deux ailes qui s'ouvriraient de part et d'autre de la colonne vertébrale. Puis de nouveau soufflez lentement en sentant que les reins pressent *légèrement* vers l'intérieur.

Si vous avez peiné à sentir ce mouvement d'ouverture dans le dos, reprenez auparavant l'exercice III.4.

VI.4. *Respiration synthétique : l'homme-sandwich.*

Quand vous faites un grand soupir, vous ouvrez vos côtes en large à l'inspiration et vous les refermez vivement à l'expiration : votre corps fonctionne comme une sorte de soufflet dont les branches seraient latérales. Au contraire, quand vous ouvrez vos côtes dans le dos, vous avez l'impression que l'essentiel du travail inspiratoire se fait dans le sens antéro-postérieur. De même, pendant l'émission du son tenu, les reins et le ventre « travaillent » (se referment) tandis que les côtes doivent tendre à rester ouvertes : on a l'impression que le soufflet respiratoire fonctionne dans le sens antéro-postérieur, comme les deux planches d'un homme-sandwich.

Imaginez que vous êtes cet homme-sandwich. Inspirez très largement en ouvrant vos planches vers l'avant et l'arrière, et soufflez en les rapprochant lentement et en tâchant qu'elles gardent toujours la même largeur. Eventuellement, figurez avec vos mains l'emplacement des branches imaginaires qui s'écartent et se rapprochent par-devant et par-derrière.

Faites d'abord l'exercice en faisant *ch* .... à l'expiration. Puis essayez de faire vibrer vos lèvres l'une contre l'autre comme font les enfants : vous rapprochez les lèvres en pensant p, puis donnez suffisamment de pression pour les faire vibrer comme un petit moteur *ppppppp*. Faites ainsi l'homme-sandwich avec des *ppppppp* ou des *bbbbbbb*.

Ensuite, faites l'exercice en faisant directement des sons tenus sur */o/* ou */i/*, en variant les hauteurs d'émission du son.

Pendant les semaines VII et VIII, vous pourrez également commencer votre travail vocal avec cet exercice en faisant des */o/* et des */i/* sur votre quinte de base : les */o/*, en commençant sur *do* (puis monter et descendre), les */i/* en commençant sur *sol* (puis descendre et monter).

Sixième semaine

Plan du travail

A. Éveils (au choix)	5 mn
B. Développement de la voix	15 mn
C. Mots avec */é/*	5 mn
D. Phrases et texte	5 à 10 mn

B. Développement de la voix

Dans le travail du développement de votre voix, qui est, pendant encore trois semaines, notre objectif numéro un, je vous propose cette semaine les exercices suivants.

VI.5. *Registre aigu avec /i/.*

a) Mettez-vous debout devant une glace. Laissez votre mâchoire détendue, entrouverte; sentez que la pointe de votre langue touche la racine de vos dents inférieures. Puis, tirez votre menton avec la main, de façon à ce que la mâchoire s'ouvre en grand; en même temps, tout en en laissant la pointe bien collée à la racine des dents, poussez votre langue en avant, comme si vous vouliez la cracher. Faites le mouvement quatre ou cinq fois.

b) Faites maintenant des */i/*, comme vous avez fait la semaine dernière des */ou/* (V.3), en commençant dans le grave et en montant chaque fois un peu plus. Seulement, au lieu de faire un mouvement avec votre corps, oubligez votre mâchoire à s'ouvrir pendant que le son monte (et à rester ouverte quand il descend). Et plus le son monte dans l'aigu, plus votre mâchoire doit s'ouvrir.

VI.6. *Petits /i/. Première jonction du registre aigu et du grave.*

Cet exercice cherche à vous faire descendre jusque dans le grave en gardant les harmoniques aiguës de votre registre aigu. Ne cherchez plus à ouvrir grand la bouche pendant les sons (et ne vous regardez plus devant la glace). Attachez-vous seulement à laisser la mâchoire un peu ouverte (votre pouce doit pouvoir passer librement entre les incisives) et la langue posée derrière les incisives de la mâchoire inférieure.

a) Jouez-vous le *do* aigu. Cherchez à attraper un petit */i/* dans le registre aigu, en voix très douce (pianissimo), et à descendre de cette note jusqu'au *do* aigu sans rupture de son (A).

b) Repartez encore d'un petit */i/* très aigu, mais cherchez maintenant à descendre la gamme en effleurant les notes de *do* à *do*. Si vous manquez de souffle, respirez et reprenez la même note que vous venez de quitter, par exemple (B) :

Recommencez deux ou trois fois, en descendant les sons lentement, et en cherchant à garder le même son depuis le haut jusqu'en bas.

c) Descendez maintenant, toujours en partant du haut et en cherchant à garder le même timbre du */i/* aigu, jusqu'au *sol* grave, ou jusqu'au plus grave qu'il vous est possible (C) :

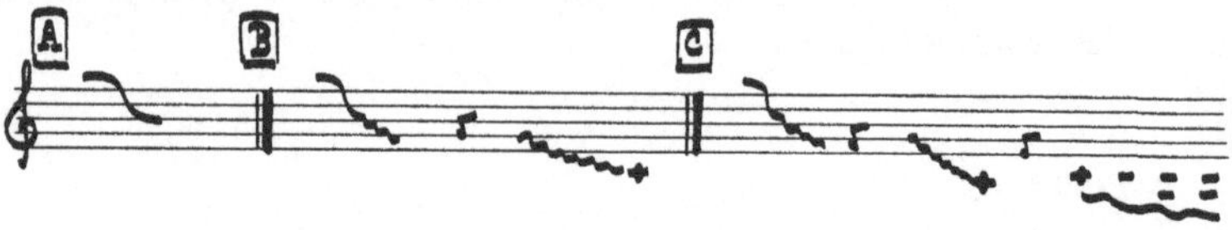

Recommencez quatre ou cinq fois. Il est préférable de respirer en tout cas une fois sur le *do* grave, car les notes graves demandent plus de souffle (et moins de pression) : cherchez à bien reprendre, après la respiration, un son identique à celui que vous venez de quitter.

VI.7. *Octaves descendantes sur* /i/ *et* /o/.

a) Commencez, comme la semaine dernière, à descendre l'octave sur */mi/* en respirant tranquillement entre chaque note (A) :

b) Liez les sons deux par deux en cherchant à garder le son */i/* bien clair; surveillez tout le grave à partir du *sol :* le */mi/* a tendance à devenir */mu/* ou */meu/* (B).

c) Descendez la gamme en petits sons sur */mou/*, en respirant entre chaque (C).

d) Liez les notes deux par deux en commençant sur */ou/* et en finissant sur */o/* (D).

Veillez surtout à bien lier les sons : le /*o*/ (comme un *mot*) doit sortir du /*ou*/ sans aucune rupture.

e) Le deuxième jour, commencez à lier les sons comme ceci :

Essayez que les sons soient le plus liés possible. Comme si vous chantiez un seul ton. Aidez-vous éventuellement d'un mouvement ascendant comme la semaine dernière (V.6).

VI.8. *Timbrer les* /a/ *à partir de la quinte descendante.*

a) Jouez-vous la quinte descendante *sol-fa-mi-ré-do*. Chantez le mot « oie » sur ces cinq notes descendantes, en sons non tenus. La mâchoire est moyennement ouverte, le fond de la gorge par contre s'ouvre « comme une cathédrale » sur chaque /a/. Pensez le son plus sombre sur le *sol* (vers /*a*/) et plus clair sur le *do* (vers /a/). La mâchoire peut bouger légèrement et s'ouvrir souplement depuis le /*ou*/ de l'attaque jusqu'au /a/ mais vous devez éviter qu'elle ne s'ouvre brutalement, tombant comme une guillotine, au moment du /a/.

b) Rejouez-vous le *sol* du milieu et dites, en voix parlée assez forte, « une oie »! , en cherchant à ce que le mot « oie » soit proche de la note *sol*. Puis vous descendez par demi-ton, jusqu'à être à un niveau de voix parlée qui vous convienne parfaitement. Cherchez à ce que le son ne devienne pas plus sombre en descendant.

c) A la troisième séance, continuez l'exercice en descendant la quinte sur *quoi!* Puis sur *Quoi! Toi, et moi*. En pensant des sons « parlés » voisins des notes.

VI.9. *Son poids est roi.*

Vous vous emparez de cette phrase extraite d'un poème de Henri Michaux :

Son poids est roi et tout ploie sous lui.

Jouez avec cette phrase dans l'espace. Dites-la très haut, en voix de tête, puis descendez petit à petit, passez en voix moyenne, et continuez à descendre jusque dans le grave de votre voix en cherchant à ce que votre voix soit de plus en plus claire (pour lutter contre la tendance naturelle à l'assourdir).

VI.10. *Travail du* /é/ *avec* /o/.

Le *é* est une bonne voyelle de travail qui se timbre assez facilement. Le principal défaut des /*é*/ français est d'être généralement serrés de la mâchoire et de la gorge, souvent même des lèvres qui sont crispées en une sorte de sourire forcé. Nous allons chercher à corriger ce défaut en liant des /*é*/ à des /*o*/.

Chantez sur le *do* grave /*oéoéo*/, puis respirez tranquillement et chantez /*éoéoé*/. Montez ainsi de *do* à *sol*, puis redescendez de *sol* à *do*.

En passant de /*o*/ à /*é*/ la mâchoire reste pratiquement immobile, détendue, ouverte; le fond de la gorge reste ouvert; la langue est poussée en avant, les lèvres, ramassées en avant pour /*o*/ se détendent et s'ouvrent légèrement (attention, pas de rictus!).

Chantez /*oéoéo*/ comme une phrase, très lié; ni « piano », ni fort, mais entre le moyennement fort et le moyennement piano. Soutenez bien chaque phrase avec le souffle et allez bien jusqu'au bout de la dernière voyelle.

Vous pouvez aider cette tenue de la phrase par un geste des mains; par exemple, balayez l'espace devant vous avec la main à l'horizontale et le bras presque tendu, en regardant le dessus de votre main pendant son mouvement. Alternez main droite (mouvement de gauche à droite) et main gauche (mouvement de droite à gauche).

VI.11. *Liste Oser.*

a) Prononcez le mot /oser/ une douzaine de fois en voix parlée et en restant très longtemps sur chacun des trois sons /*o*/*z*/*é*/. Vous vous le dites à vous-même, la première fois, timidement, en n'osant pas encore et en voix chuchotée. Puis, vous vous convainquez chaque fois davantage qu'il faut « oser », et vous dites le mot de plus en plus fort jusqu'à être très fort. Donnez toujours beaucoup de souffle pour ne pas fatiguer la gorge et prolongez bien chaque son : OoooZzzzEééé.

b) Prononcez deux ou trois fois, moyennement fort, le mot /oser/ en savourant longuement chacun des trois sons. Nous connaissons déjà le /*ô*/ et la plénitude dont il remplit la gorge. Le /*z*/ déclenche des vibrations très fortes dans les dents et la pointe de la langue : le /*é*/ va venir résonner *au-dessus* des dents supérieures à la racine du nez et derrière le cornet du nez jusque dans les yeux.

Prononcez ainsi deux ou trois fois chacun des mots de la liste « oser » en vous attachant particulièrement à bien sentir les vibrations du /*é*/ *au-dessus* des vibrations du /*z*/ (et des autres consonnes). Efforcez-vous en même temps de ne pas trop fermer la mâchoire sur /*z*/ et de l'ouvrir nettement pour /*é*/. La mâchoire doit toujours être sentie détendue, comme molle. Laissez les lèvres bien détendues pour /*z*/ et /*é*/. Regardez-vous une fois dans la glace. Si vos lèvres ont l'habitude de se tendre en une sorte de sourire forcé sur le /*é*/, obligez-les à se détendre en poussant les commissures des lèvres avec vos deux index au moment où vous prononcez le /é/. Reprenez l'exercice de la même façon, trois ou quatre fois dans la semaine.

c) Le deuxième ou troisième jour, après avoir lu la liste en pensant à la résonance haute du /*é*/, lisez-la une seconde fois en essayant d'avoir la gorge presque aussi ouverte pour /*é*/ que pour /*o*/. Vous devez néanmoins entendre un vrai /*é*/, et pas un mélange de /*e*/ ou /*eu*/. Dans les premiers mots, le *o* est sombre/*o*/. Dans les suivants ce sont des *o* clairs /ɔ/. Gardez la même ouverture de gorge.

Oser	Pauser	Nausée
Causer	Gloser	Doser
Oter	Fauter	Dauber
Chômer	Chromer	Moquer
Noter	Coter	Trotter
Botter	Crotter	Voter
Border	Broder	Corder
Solder	Former	Flotter
Gommer	Orner	Donner
Cotonner	Ordonner	Étonner

Les éléments de la phrase.

Si vous tirez à l'arc, 4 moments sont importants :
1. Le recueillement en arrière de la main et de la flèche
2. Le départ de la flèche, net et précis
3. La trajectoire ferme, sans flotter à droite et à gauche
4. Le moment final où la flèche va se ficher dans le but.

Il en va de même dans une phrase. Phase 1) L'inspiration, recueillement du souffle avant l'élan du départ. 2) Vient alors le début de la phrase, le premier son que l'on émet, ce que l'on appelle « *l'attaque* » sonore, assez curieusement puisque les premières syllabes manquent presque toujours d'énergie, « d'attaque ». La phase 3 est la trajectoire sonore, et la phase 4 le but ultime : la finale.

Nous avons travaillé l'inspiration détendue et, la semaine dernière, la trajectoire de la phrase. Nous commencerons cette semaine à entraîner les attaques.

VI.12. *Les attaques.*

« C'est un défaut extrêmement important que celui qui consiste à ne donner de la voix que sur la quatrième ou cinquième syllabe d'une phrase [1]. » Ce manque d'attaque, extrêmement général, est d'abord un défaut psychologique : on est toujours impressionné quand il nous faut prendre la parole, même devant un public restreint. Et, si l'on n'a pas suffisamment de détermination, les gens à qui nous parlons ne nous entendent vraiment qu'au bout de plusieurs syllabes.

a) L'attaque est liée à la détermination ou plutôt à une sorte de pouvoir d'engagement immédiat qui fait que, dès la première syllabe, tout votre être est là qui soutient et lance la phrase.

Imaginez que vous êtes un professeur qui veut interpeller un élève dont il n'est pas content. Vous pointez la main vers lui avec détermination : « Eh! » (repointez) « Vous. » (pointez encore) « Là-bas! ».

L'acte de pointer le doigt est secondaire; ce qui compte c'est la détermination qui se manifeste dans votre ventre, l'énergie du resserrement abdominal une fraction de seconde avant l'attaque du son. Le geste de la main n'est là que pour aider cette détermination engagée dans votre corps.

Reprenez ainsi quelques interventions que vous imaginez vers quelqu'un de lointain. Comme dans le tir à l'arc prenez bien votre élan, et rechargez-vous bien entre chaque interjection : *Eh! Vous! Là-bas! Oui! Vous! Et alors! Qu'est-ce que ce c'est qu'ça!*

1. G. Le Roy, *Traité pratique de diction française*, Éd. Mellotée, 1949.

b) Pour que les attaques soient bonnes, il faut qu'il y ait un bon élan inspiratoire et un déclenchement très net de la syllabe initiale.

En français, l'accent est en principe sur la dernière syllabe ou sur l'avant-dernière pour les mots se terminant en *e* muet : par exemple, dans la phrase ci-dessus : franç*ais*, acc*ent*, ou, prin*ci*pe, syll*a*be, der*niè*re. Mais on peut être amené à changer cet accent de place pour donner plus d'énergie à l'attaque (ce qu'on appelle accent d'insistance).

Par exemple, si vous insultez quelqu'un et que vous êtes vraiment très en colère, vous ne direz pas : « Chame*au* », mais « *cha*meau ! » avec une insistance sur le /*ch*/ et le /*a*/. Insultez ainsi un interlocuteur imaginaire : *Cha*meau ! *Sa*laud ! *Co*chon ! *Va*-t'en ! *Bu*tor ! *Cha*rogne ! *Pou*rriture !...

Quand l'insulte commence par une voyelle, on a plutôt tendance à allonger cette voyelle, à insister dessus, et à accentuer la deuxième syllabe : A-*bru*ti ! Im-*bé*cile ! I-d*iot* !

Vous pouvez donner ainsi le maximum d'énergie à ces vers où Raoul Ponchon décrit l'atmosphère du Palais-Bourbon en pleine Affaire Dreyfus [1].

> Crétin ! Canaille !
> Pitre ! Abruti !
> Chameau ! Volaille !
> Paquet ! Outil !
> Traître ! Ganache !

VI.13. *Une phrase de Bossuet.*

Nous changeons de registre avec ce court texte de Bossuet :

> Celui qui règne' dans les cieux', et de qui relèvent' tous les empires', à qui 'seul' appartient' la gloire', la majesté' et l'indépendance', est aussi le seul' qui se glorifie' de faire la loi' aux rois' et de leur donner' quand il lui plaît' de grandes et de terribles' leçons.

a) Il faut vous imaginer dans une salle gigantesque, type Notre-Dame de Paris. Vous inspirez tranquillement, ventre et dos, vous donnez l'impulsion du souffle, et seulement après vous laissez partir le premier élément de phrase : « *Celui qui règne.* » Vous respirez tranquillement, pendant que votre premier morceau de phrase remplit l'église, et vous laissez partir l'impulsion du souffle et la deuxième

1. Marcel Coulon, *Toute la muse de Ponchon*, Paris, Éd. de La Tournelle, 1938.

partie « *dans les cieux* ». Continuez comme ça jusqu'à la fin de la phrase, en prenant bien votre temps pour respirer tranquillement aux endroits indiqués ('). Chaque fois, donnez nettement l'impulsion abdominale, et hop! votre morceau de phrase s'envole. Veillez bien à avoir les trois éléments de la phrase : l'attaque, la trajectoire, et la tenue de cette trajectoire jusqu'à la finale.

b) Le deuxième ou troisième jour, essayez de dire ce texte, avec ces mêmes respirations, en plagiant de Gaulle. Son célèbre *Discours d'Alger*, encore présent dans la mémoire ou les enregistrements, reste un modèle du style oratoire pour grandes foules. D'abord, il s'affirme lui-même. : « *Je* » (et on entend l'écho des haut-parleurs sur le Forum d'Alger) « *vous ai* », (et de nouveau il attend que l'écho du son ait rempli la grande place), enfin, avec le maximum d'énergie, « *compris* ». Essayez de soutenir ainsi la phrase de Bossuet depuis le début jusqu'à la fin. Je n'aime guère Bossuet mais pensez qu'en l'occurrence son discours s'adressait au roi pour le « remettre à sa place »; ce qui ne manque pas d'un certain courage.

VI.14. *Les grandes sauces de base.*

Voici votre premier texte de travail. J'ai choisi volontairement un texte où vous ne risquez pas de mettre du pathos, puisqu'il s'agit d'une sorte de conférence sur les grands principes de la cuisine. Goûtez les mots (le mot « sauce » à lui seul est tout un programme), sentez-les, et tentez de communiquer à votre auditoire tout ce qu'il y a de merveilleux, d'admirable, dans le grand art culinaire. Je note * les respirations brèves et ' les respirations longues.

> *Les grandes sauces de base : principes généraux.*
>
> Les sauces* représentent la partie capitale de la cuisine'. Ce sont elles qui ont créé* et maintenu* l'universelle prépondérance de la cuisine française'. On ne saurait donc apporter trop de soins et d'attention* dans leur apprêt'.
>
> La base fondamentale de leur travail* est un jus quelconque*, soit : du *jus brun* ou *estouffade** pour les sauces brunes*; des *jus clairs* ou *fonds blancs* pour les veloutés'. C'est à obtenir ces jus absolument irréprochables* que doit tout d'abord s'appliquer le saucier qui*, disait le marquis de Cussy*, est « le chimiste éclairé*, le génie créateur et la pierre angulaire* du monument de la cuisine transcendante ».

VII

Septième semaine

Plan du travail

A.	Éveil (cf. VIe semaine)	5 minutes
B.	Développement de la voix (Vous en choisissez l'ordre d'après les propositions ci-après.)	15 minutes
C.	Logatomes et phrases	5 à 10 minutes
D.	Texte	5 à 10 minutes

B. Développement de la voix

Vous allez maintenant ordonner vous-même cette deuxième partie de votre travail selon les besoins de votre voix et votre expérience des exercices : il faut que vous commenciez à juger des exercices d'après l'effet qu'ils vous font. Normalement, votre voix doit être « mieux » après chaque exercice : plus libre, plus souple, plus timbrée. Mais il faut chercher à équilibrer ce que les exercices vous apportent. Certains vont « timbrer » la voix, mais la serrer un peu. D'autres n'apporteront guère de « timbre » mais ils vont « ouvrir » la gorge. D'autres enfin réussiront à réaliser en même temps les deux termes de la contradiction « timbre » et « ouverture de gorge ».

Il peut arriver que certains exercices vous fatiguent un peu. Si votre voix est légèrement enrouée après un exercice, ce n'est pas forcément mauvais signe. Si votre voix est encore fatiguée le lendemain, c'est que vous avez forcé et il faudra abandonner l'exercice ou le faire différemment. Mais souvent une légère fatigue le jour même se traduira par un gain vocal le lendemain : dans ce cas vous pouvez adopter l'exercice comme « bon » pour vous.

Il y a également des problèmes d'usure des exercices : dans la vie humaine, tout s'use s'il n'est renouvelé, changé, créé à nouveau, et tel exercice qui vous aura fait faire un pas de géant le jour où vous l'avez découvert, ne vous apportera plus rien la troisième fois que vous le ferez. Il faut que vous commenciez à *inventer* votre propre manière de faire l'exercice, vos variantes personnelles, peut-être de nouveaux exercices plus fructueux pour vous.

Pendant ces deux semaines, je vous conseille d'adopter, dans ce travail de développement de la voix, l'ordre suivant :

1. *Monter dans le registre aigu*, sur /*i*/ (VI.5) ou sur /*ou*/ (IV.11 ou V.3); et *redescendre dans le grave* comme vous avez fait en VI.6.
2. *Travailler sur l'octave*, surtout de haut en bas mais aussi de bas en haut (exercices VII.2.3.4.5).
3. Commencer la voix parlée à différentes hauteurs (exercices VII.6).

VII.1. *Lancer une balle.*

Pour faire votre exercice de registres vous pouvez vous aider d'un mouvement de lancer : à condition que votre corps fasse vraiment le mouvement et donne la même impulsion énergétique que si vous lanciez vraiment.

Dans le grave : faites rouler des petites balles sur le sol et envoyez en même temps le son en trajectoire basse : son sur /*i*/, /*o*/ ou /*ou*/ (durée totale de la trajectoire sonore : au moins 4 secondes). Puis

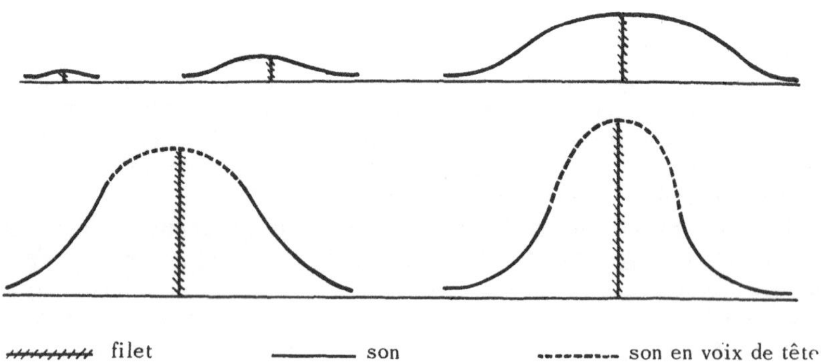

Figure VII.1

imaginez que vous lancez votre balle par-dessus un filet et que vous montez le filet un peu plus haut chaque fois (fig. VII.1.) Pour passer dans l'aigu, envoyez le son presque à la verticale au-dessus de vous. Il peut être utile parfois pour « attraper » le registre aigu d'imaginer que vous lancez des fléchettes (pointues et légères) au-dessus du filet très haut.

VII.2. *Descente d'octave en sons liés.*

Nous avons déjà abordé cet exercice fondamental la semaine dernière. Faites-le alternativement sur /*i*/ et /*o*/.

a) Commencez par monter tranquillement de *do* à *do* en faisant trois petits /*i*/ légers et pointus (piqués) sur chaque note. Respirez tranquillement entre les notes (A).

b) Puis descendez comme la semaine dernière une première fois en sons séparés, puis en sons liés. C'est ici la partie capitale de l'exercice. Pensez à remonter les sons (comme le ballon en V.6), ou à garder le plan d'émission haut ou à garder le son toujours aussi aigu, clair, toujours bien /*i*/ ou /*o*/ (**B**).

VII.3. *Monter l'octave.*

a) Faites des courbes sonores qui commencent et se terminent sur le *do* du milieu mais montent chaque fois davantage :

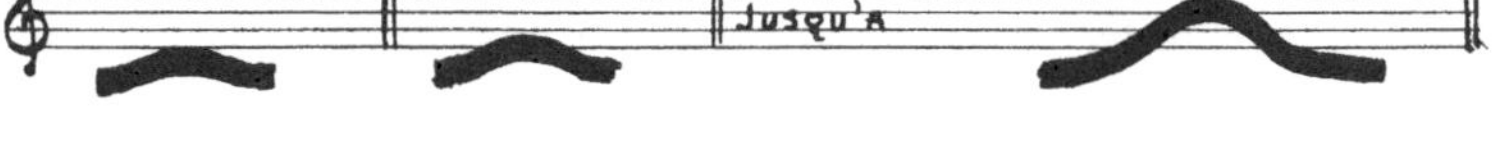

Essayez d'oublier complètement l'image du son qui « monte ». Vous devez faire « comme si » vos sons étaient tous à la même hauteur. Cherchez à ce que votre gorge descende, tombe, quand le son s'élève dans l'aigu. Cherchez également à ce que le son ne change pas de couleur mais reste tout le temps /*o*/, sans venir sur /*ɔ*/ ou /*a*/. Eventuellement, pensez /*ou*/ dans l'aigu pour que le son émis reste bien un /*o*/.

b) Une autre fois, faites le même exercice sur /*i*/. Pensez le son aigu plus coloré, plus grave, presque /*u*/.

VII.4. *Lien horizontal* /o/ — /i/.

a) Sur le *do* grave de votre octave centrale, chantez, bien liés, *oioio*, en pensant le /*i*/ avec la même largeur de tube que le /*o*/. Puis *ioioi*, en pensant le /*o*/ avec le même timbre que le /*i*/.

Montez ainsi les notes de la gamme jusqu'au *la* (ou jusqu'au *do* si vous y arrivez sans fatigue).

b) Recommencez la même chose, mais en sons détachés, parlés, sur une hauteur approximative.

Montez ainsi aux environs des notes de la gamme jusque vers *la*, *si* ou *do*.

VII.5. *Son élargi.*

La huitième semaine, remplacer VII.4 par l'exercice suivant.

a) Sur la note *sol*, chantez, doucement mais en sons tenus, très liés, *iéiéi*. Puis, refaites la même chose en essayant d'élargir le son sans qu'il quitte sa place puis de le diminuer pour qu'il revienne au son du départ. Faites en même temps, avec vos deux mains devant le corps, un mouvement d'élargissement (les mains restant à la hauteur du ventre, les bras très détendus), puis de retour à l'écartement primitif, comme < >

Descendez ainsi par demi-ton, de *sol* à *ré*.

b) Un autre jour, essayez de monter par demi-ton. Le son doit être attaqué très doux, comme en voix de tête, et se retrouver à la fin identique à lui-même.

VII.6. *Arpèges en voix parlée.*

Quand l'égalisation de votre voix est bien faite, vous devez pouvoir monter sans que la couleur du son change. De plus, si votre gorge est toujours détendue, vous perdez la sensation du « haut » (qui est liée à une tension de la gorge). Au bout du chemin, on peut parler sur l'octave sans avoir l'impression que le *do* du haut est « plus haut » que le *do* du bas.

a) Commencez par égaliser des quintes avec /*i*/, avec /*o*/ et avec /*a*/ en mettant devant la consonne /*v*/. Montez et descendez avec, à peu près, le même « air », sans vous jouer de notes (ou en vous jouant les suivantes si c'est plus facile pour vous).

Soignez bien l'ouverture (légère) de la mâchoire sur le /*i*/ (le /*v*/ vous y aidera) et cherchez le maximum d'égalité sonore, comme si les trois sons étaient exactement à la même place.

Faites la même chose avec les consonnes : /*m*/, /*b*/, /*d*/, /*l*/.

b) Recommencez avec /*i*/ - /*o*/ - /a/ et les mêmes consonnes /*v*, *m*, *b*, *d*, *l*/. Le /a/ est le /a/ clair. Montez et descendez librement.

• Essayez de mettre les trois sons exactement sur le même plan de hauteur résonantielle (fig. VII.6).

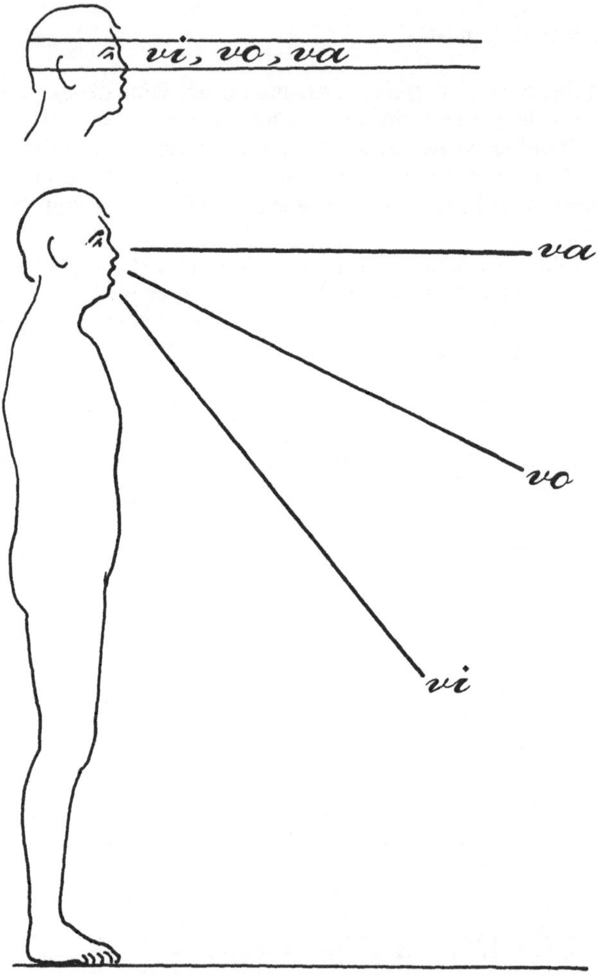

Figure VII.6

• Vous pouvez également vous y aider en regardant devant vous, en bas pour /*i*/, un peu plus haut pour /*o*/, droit en face pour /*a*/ (VII.6), ou en montant un ballon, à la hauteur de votre ventre pour /*i*/, de votre poitrine pour /*o*/, de vos yeux pour /*a*/.

c) Dites ainsi les mots suivants en montant et descendant, par exemple :

Villa	Vinage	Village	Vinasse
Virage	Visage	Vissage	Vitrage
Vivace	Virole	Mixage	Mirage
Minable	Bicoque	Bidasse	Bivalve
Bigame	Bidoche	Bigote	Bilame
Billard	Bizarre	Binocle	Bipale
Bissac	Bigot	Bigogne	Binôme
Billet	Binette	Bistrot	Difforme
Dictame	Disette	Disgrâce	Épave
Distrait	Discorde	Divorce	Miracle

d) Dites des mots de trois syllabes, par exemple sur les quintes suivantes :

Mimosa	Mimolette	Mimodrame
Microphare	Minographe	Microsalle
Virolage	Vitriol	Bicolore
Bibliomane	Binoclard	Bifocal
Biseautage	Dinosaure	Diplomate
Discordant	Discobole	Dissociable

C. Logatomes

Après vos 15 minutes de « développement de la voix » je vous propose, pour la 7e semaine, les exercices suivants.

VII.7. *Gammes sur* /wa/.

a) Dites des /*wa*/ parlés sur la gamme, en montant puis en descendant. Pour chercher à avoir toujours la même couleur vocale, pensez /*wa*/ clair dans le grave *(do, ré, mi, fa)* puis pensez des sons de plus en plus sombres jusqu'à /*wa*/ à partir de *sol.* Ne tenez pas le /a/ comme un son chanté mais lâchez-le sitôt prononcé (surtout dans l'aigu). Redescendez en revenant bien sur /a/.

b) Faites la même chose avec *quoi*, *moi*, *toi*.

c) Essayez d'égaliser (en voix parlée) la phrase suivante : « Quoi! Toi et moi! Moi et toi! » Puis montez progressivement *toi et moi*, *moi et toi*, jusqu'à *si* ou *do* en pensant, comme en VII.6 que tous les sons sont à la même hauteur.

VII.8. *Mouvements contraires.*

a) Supposons les voyelles /a/ et /*a*/. Nous avons tendance à faire /a/ aigu et /*a*/ grave. Pour égaliser les sons, vous allez faire l'inverse et penser vos /*a*/ dans l'aigu et les /a/ dans le grave. Aidez-vous éventuellement en visant le haut et le bas comme en VII.6.

Penser haut	mâle	bâle	châle	vase	case
Penser bas	mal	bal	chat	va	caste

Penser haut	gras	fable	râle	âme	blâme
Penser bas	grappe	fat	rate	acte	blague

b) Faire la même chose avec la liste Pôle-Paul (III.13), en pensant haut les mots en /*o*/ et bas les mots en /ɔ/.

VII.9. *Travail du /ou/.*

a) Dites ces mots par deux de gauche à droite en cherchant à ce que les /*ou*/ aient autant de timbre et autant d'ouverture de la gorge que les /*o*/.

Beau	.	Bout	Mot	.	Mou
Chaud	.	Choux	Nô		Nous
Croc	.	Coude	Veau	.	Vous
Broc	.	Boude	Rot	.	Roux
Faux	.	Foule	Ghô	.	Goût
Bio	.	Boule	Haut	.	Houle
Tôt	.	Tout	Jojo	.	Joue
Pôt	.	Pou	Sot	.	Sous

b) Dites les mots suivants en cherchant à timbrer autant le /*ou*/ que la voyelle qui le précède.

Balourd	Palourde	Papouille	Anouilh
Panouille	Arsouille	Bafouille	Barbouille
Gadouille	Chat roux	Salou	Eau lourde

VII.10. *Prophétie d'Ezéchiel.*

Pour finir cette semaine, voici le texte d'une *Vision du prophète Ezéchiel* dans la traduction de Paul Claudel. Le peuple d'Israël a été déporté et le prophète prédit que Dieu va le ressusciter [1] :

1. Dans Paul Claudel, *La Danse des morts.*

> La main de Dieu s'est posée sur moi et il m'a emmené en esprit et il m'a laissé au milieu d'une vaste plaine qui était remplie d'ossements.
> Et il m'en fit faire le tour car il y en avait à l'infini à la surface de la terre et ils étaient secs à l'extrême. Et Dieu dit : Fils de l'homme penses-tu que ces os vivent? Et je répondis : Seigneur mon Dieu vous le savez.
> Et il me dit : prophétise sur ces os et dis-leur : ossements arides, écoutez la parole du Seigneur.
> Ainsi parle le Seigneur Dieu à ces os : Voici, je vais introduire un esprit en vous et vous vivrez!
> Je mettrai sur vous des nerfs et je ferai croître sur vous des chairs : j'étendrai de la peau sur vous et je vous donnerai un esprit et vous vivrez et vous saurez que je suis le Seigneur.
> Et alors je prophétisai et il se fit une espèce de bruit et un mouvement. Et les os se rapprochèrent les uns des autres, chacun s'adaptant à sa jointure.
> Je regardais et voici que des nerfs et des chairs se formèrent sur eux et de la peau s'étendit par-dessus mais il n'y avait pas d'esprit en eux.
> Dieu me dit : prophétise à l'Esprit, prophétise fils de l'homme et dis à l'Esprit : Ainsi parle le Seigneur Dieu :
> « Viens des quatre vents, Esprit, et souffle sur ces morts afin qu'ils revivent. »
> Et l'Esprit entra en eux et ils devinrent vivants... et ils tinrent sur leurs pieds.
> C'était une armée extrêmement nombreuse.

Je vous conseille de le travailler très doucement, phrase par phrase, même si vous ne deviez l'avoir fini qu'à la fin de la 8e semaine.

1. Il faut d'abord vous mettre le texte dans la voix. Pour cela vous pouvez employer plusieurs moyens :

a) Dites la première phrase en voix parlée sur la note *sol;* puis vous descendez par demi-ton, jusqu'à ce que vous soyez dans une bonne tessiture pour vous. Alors, vous « parlez » le texte, en lui donnant les inflexions que vous sentez nécessaires.

b) Dites la phrase syllabe par syllabe, en voix très douce, et en détendant à fond la mâchoire et la langue en même temps que vous dites la voyelle, ou juste après. Respirez entre les syllabes.

c) Travaillez la phrase « comme une phrase » en cherchant la régularité de la pression et du flux sonore.

2. Quand vous aurez bien travaillé « techniquement » les premières phrases, vous pouvez commencer à dire le texte. Il sonne de lui-même. N'y cherchez pas la grandiloquence. Commencez-le plutôt très inté-

rieur, comme si vous étiez en extase (ou ivre); le son résonne d'abord tout autour de vous; puis les ondes de votre voix vont se faire de plus en plus larges, devenir, par moments très larges, diminuer, re-enfler, etc.

VIII

Huitième semaine

Comme la semaine dernière, vous organisez vous-même :

A. L'éveil vocal (cf. début 6e semaine) : 5 minutes.

B. Le développement de la voix (cf. début 7e semaine) : 15 minutes.
Vous trouverez ci-après des propositions pour les deux parties suivantes : C) Logatomes et phrases et D) un admirable *texte* de Hugo sur lequel vous pourrez rester deux semaines.

C. Logatomes et phrases

VIII.1. *Travail du /e/ et du /è/.*

Le */è/* est une voyelle qui peut être très brillante mais qui est souvent prononcée très plate (comme le /a/ dont elle est proche), sans harmoniques aiguës et sans harmoniques graves. Nous la travaillerons à partir du */i/* pour lui remettre de l'aigu et à partir du */ou/* pour lui remettre du grave.

a) Chantez, *iéeè*, très liés, sur *sol la*♭, *la* (éventuellement *si*♭); puis redescendez par demi-ton jusqu'au *ré*.

b) Dites, sur les mêmes notes, */bibébebè/*, puis */mimémemè/* et */vivévevè/*.

c) Dites, en voix parlée, sur le *do* grave : un baiser *(bèzé)*, un benêt, une bête.

Montez la hauteur jusque vers *la* et redescendez.

d) Une autre fois, prenez la liste avec */v/* ou */m/ :*

— une visse, lavé, une veuve, un verre;

— une mise, lamé, un meurtre, amer.

VIII.2. *Semi-consonnes /y/ et /w/ avec /é/ et /è/.*

Le travail des semi-voyelles ou semi-consonnes est très bon pour assouplir la voix et préparer le travail de la liaison consonnes-voyelles qui est elle aussi une sorte de glissement.

a) Articulez lentement le glissement du */i/* et du */ou/* et dites, sur *sol*, *la♭*, *la : /yé/wè/yé/wè* à demi chantés, puis descendez jusqu'au *ré.*

b) Vous pouvez également travailler successivement */yé/* et */wè/* sur l'octave, montante ou descendante.

VIII.3. *Mots en /yé/ et /wè/.*

Prononcez *mouillé-mouette*, une fois dans l'aigu, une fois dans le médium, une fois dans le grave. Faites de même (deux par deux) avec les autres mots de la liste :

Mouillé	.	Mouette	Fouiller	.	Fouet
Brouillé	.	Brouette	Rouiller	.	Rouet
Poulaillé	.	Poulette	Collier	.	Couette
Joaillier	.	Jouet	Pommier	.	Pirouette
Écolier	.	Girouette	Cogner	.	Brouet

VIII.4. *Les ondes sonores.*

Dites : « Je bois, tu bois, il boit », assez lentement, comme une méditation intérieure; sentez le son qui vous remplit la gorge et se répand en vous comme un merveilleux breuvage. Ce n'est pas un exercice de grammaire que vous répétez sans lui donner de sens : ce sont des mots qui signifient quelque chose, et « je bois » n'est pas identique à « tu bois ».

Redites deux, trois, quatre, cinq fois ce groupe de mots en pensant que votre corps vibratoire devient chaque fois plus gros, plus large, plus ample.

Faites la même chose avec « Je mâche, tu mâches, il mâche », « (je, tu, il) gobe », « (je, tu, il) absorbe », « (je, tu, il) avale », « (je, tu, il) dévore ».

VIII.5. *Phrases contradictoires.*

Dites quatre, cinq fois, de plus en plus fort, des phrases destinées à empêcher quelqu'un de parler trop fort. « Ne parle pas si fort », « Je n't'écoute plus si tu continues à crier », « Ah! Arrête de gueuler comme ça comme un veau ».

VIII.6. *Écrire sur un mur : Apollinaire.*

Vous écrivez sur un grand mur, avec un grand pinceau imaginaire ou un « pistolet » et en même temps vous découvrez et prononcez, un à un, les sons que vous écrivez.

Mon beau navire ô ma mémoire
Avons-nous assez navigué
Dans une onde mauvaise à boire
Avons-nous divagué
De la belle aube au triste soir

Puis vous lisez ce que vous venez d'écrire; suivez bien de votre corps entier qui lit, les syllabes magiques tracées sur le mur imaginaire tout en inventant, phrase par phrase, le poème d'Apollinaire :

Voie lactée ô sœur lumineuse
Des blancs ruisseaux de Chanaan
Et des corps blancs des amoureuses
Nageurs morts suivrons-nous d'ahan
Ton cours vers d'autres nébuleuses

VIII.7. *Contre la peine de mort.*

La semaine dernière, je vous ai donné quelques indications pour travailler techniquement votre voix sur un oracle d'Ezéchiel. Je pense que vous n'êtes pas « au bout » de ce que vous pouvez tirer de ce texte et je vous conseille de continuer cette semaine à vous faire la voix avec lui, à le manger, à vous l'incorporer.

Je vous donne aujourd'hui un long extrait d'un admirable discours de Victor Hugo contre la peine de mort[1]. J'aimerais que vous le travailliez de façon tout à fait différente. Non plus en fonction de la voix et du son, mais en fonction du sens du texte et de ce qu'il dit.

Lisez d'abord le texte pour simplement en dégager les deux parties, puis attaquez-vous à la première partie : l'exemple. Vous allez y passer plusieurs jours. Analysez la démarche de Hugo, les détours de la pensée : il remonte dans l'histoire, passe aux États-Unis, et aboutit à ce retournement extraordinaire : « Revenez à Montfaucon, au gibet où on laisse pourrir les corps des suppliciés! » Et c'est le « je vous en défie... » de la fin de cette première partie.

Imaginez que vous parlez à un groupe d'hommes que vous voulez convaincre, comme l'a fait Hugo lui-même devant l'Assemblée constituante (nous sommes en septembre 1848, sous la IIe République).

LA PEINE DE MORT

L'exemple, le bon exemple donné par la peine de mort, nous le connaissons. Il a eu plusieurs noms. Chacun de ces noms exprime tout un ordre de faits et d'idées. L'exemple s'est appelé Montfaucon, il s'est appelé la place de Grève, il s'appelle aujourd'hui la barrière Saint-Jacques. Examinez les trois termes de cette progression décroissante : Montfaucon, l'exemple terrible et permanent; la place de Grève, l'exemple qui est encore terrible, mais qui n'est plus permanent; la barrière Saint-Jacques, l'exemple qui n'est plus ni permanent, ni terrible, l'exemple inquiet, honteux, timide, effrayé de lui-même, l'exemple qui s'amoindrit, qui se dérobe, qui se cache. Le voilà à la porte de Paris, prenez garde, si vous ne le retenez pas, il va s'en aller! il va disparaître!

Qu'est-ce à dire? Voilà qui est singulier! l'exemple qui se cache, l'exemple qui fait tout ce qu'il peut pour ne pas être l'exemple. N'en rions pas. La contradiction n'est étrange qu'en apparence; au fond il y a en ceci quelque chose de grand et de touchant. C'est la sainte pudeur de la société qui détourne la tête devant un crime que la loi lui fait commettre. Ceci prouve que la société a conscience de ce qu'elle fait et que la loi ne l'a pas.

Voyez, examinez, réfléchissez. Vous tenez à l'exemple. Pourquoi? Pour ce qu'il enseigne. Que voulez-vous enseigner avec votre exemple? Qu'il ne faut pas tuer. Et comment enseignez-vous qu'il ne faut pas tuer? En tuant.

En France, l'exemple se cache à demi. En Amérique, il se cache tout à fait. Ces jours-ci on a pu lire dans les journaux américains l'exécu-

1. Victor Hugo, *Actes et Paroles*, t. I, 1841-1851.

tion d'un nommé Hall. L'exécution a eu lieu non sur une apparence de place publique, comme à Paris, mais dans l'intérieur de la prison. « Dans la geôle. » Y avait-il des spectateurs? Oui, sans doute. Que deviendrait l'exemple s'il n'y avait pas de spectateurs? Quels spectateurs donc? D'abord la famille. La famille de qui? Du condamné? Non, de la victime. C'est pour la famille de la victime que l'exemple s'est fait. L'exemple a dit au père, à la mère, au mari (c'était une femme qui avait été assassinée), aux frères de la victime : cela vous apprendra! Ah! j'oublie, il y avait encore d'autres spectateurs, une vingtaine de gentlemen qui avaient obtenu des entrées de faveur moyennant une guinée par personne. La peine de mort en est là. Elle donne des spectacles à huis clos à des privilégiés, des spectacles où elle se fait payer, et elle appelle cela des exemples!

De deux choses l'une : ou l'exemple donné par la peine de mort est moral, ou il est immoral. S'il est moral, pourquoi le cachez-vous? S'il est immoral, pourquoi le faites-vous?

Pour que l'exemple soit l'exemple, il faut qu'il soit grand; s'il est petit, il ne fait pas frémir, il fait vomir. D'efficace il devient inutile, d'effrayant, misérable. Il ressemble à une lâcheté. Il en est une. La peine de mort furtive et secrète n'est plus que le guet-apens de la société sur l'individu.

Soyez donc conséquents. Pour que l'exemple soit l'exemple, il ne suffit pas qu'il se fasse, il faut qu'il soit efficace. Pour qu'il soit efficace il faut qu'il soit terrible; revenez à la place de Grève! il ne suffit pas qu'il soit terrible, il faut qu'il soit permanent; revenez à Montfaucon! je vous en défie.

Je vous en défie! Pourquoi? Parce que vous en frissonnez vous-mêmes, parce que vous sentez bien que chaque pas en arrière dans cette voie affreuse est un pas vers la barbarie; parce que, ce qu'il faut aux grandes générations du XIXe siècle, ce n'est point des pas en arrière, c'est des pas en avant! parce qu'aucun de nous, aucun de vous ne veut retourner vers les ruines hideuses et difformes du passé, et que nous voulons tous marcher, du même pas et du même cœur, vers le rayonnant édifice de l'avenir!

Savez-vous ce qui est triste? C'est que c'est sur le peuple que pèse la peine de mort. Vous y avez été obligés, dites-vous. Il y avait dans un plateau de la balance l'ignorance et la misère, il fallait un contrepoids dans l'autre plateau, vous y avez mis la peine de mort. Eh bien! ôtez la peine de mort, vous voilà forcés, forcés, entendez-vous? d'ôter aussi l'ignorance et la misère. Vous êtes condamnés à toutes ces améliorations à la fois. Vous parlez souvent de nécessité, je mets la nécessité du côté du progrès, en vous contraignant d'y courir, par un peu de danger au besoin.

Ah! vous n'avez plus la peine de mort pour vous protéger. Ah! vous avez là devant vous, face à face, l'ignorance et la misère, ces pourvoyeuses de l'échafaud, et vous n'avez plus l'échafaud! Qu'allez-

vous faire? Pardieu, combattre! Détruire l'ignorance, détruire la misère! C'est ce que je veux.
Oui, je veux vous précipiter dans le progrès! je veux brûler vos vaisseaux pour que vous ne puissiez revenir lâchement en arrière! Législateurs, économistes, publicistes, criminalistes, je veux vous pousser par les épaules dans les nouveautés fécondes et humaines comme on jette brusquement à l'eau l'enfant auquel on veut apprendre à nager. Vous voilà en pleine humanité, j'en suis fâché, nagez, tirez-vous de là!

IX

Troisième mois

Petit guide de travail de la voix et de la prononciation

J'ai essayé, durant huit semaines, de vous conduire par un chemin qui passe par le travail technique et le contrôle corporel et vocal, pour aboutir à l'oubli de la technique et de la voix. Vous commencez à connaître le fonctionnement de votre voix et je suis sûr que, depuis deux mois, votre voix a changé, que de nouvelles polarités vocales se sont ouvertes à vous, dans la force et la richesse du timbre, dans les pouvoirs d'expression, dans une meilleure santé et solidité de la voix.

Quels que soient les progrès que vous avez enregistrés, je vous conseille de continuer à travailler un peu durant un ou deux mois pour que ce que vous avez déjà acquis dans l'exercice technique et le contrôle passe de plus en plus totalement dans votre vie quotidienne et aboutisse à cette liberté vocale, à cet « oubli » de la voix qui est (je ne vous le répéterai jamais assez) le seul but qui mérite d'être poursuivi.

Je ne vous conduirai plus pas à pas. Mais, en m'appuyant sur le travail que vous avez déjà fait, je vais tenter de vous expliquer comment vous pouvez organiser votre travail vocal personnel. Je vous proposerai également quelques exercices qui vous permettront d'aller plus loin.

Le premier mois fut centré sur le travail de la respiration, le deuxième sur la voix, ce mois-ci sera principalement axé sur le travail de la prononciation.

A. Respiration

Je vous conseille de continuer à travailler votre respiration : elle peut se développer pendant encore longtemps, et vous apporter beaucoup. Je vous conseille de reprendre (plus ou moins rapidement à votre choix) l'ordre que nous avons suivi :

a) Respiration abdominale pure (pour casser le réflexe de l'inspiration thoracique forcée et entraîner la descente du diaphragme).

b) Grande inspiration en deux temps, abdominale puis thoracique (pour que le diaphragme descende et s'ouvre).

c) Grande expiration en deux temps, abdominale puis thoracique, pour que les côtes commencent à « tenir ».

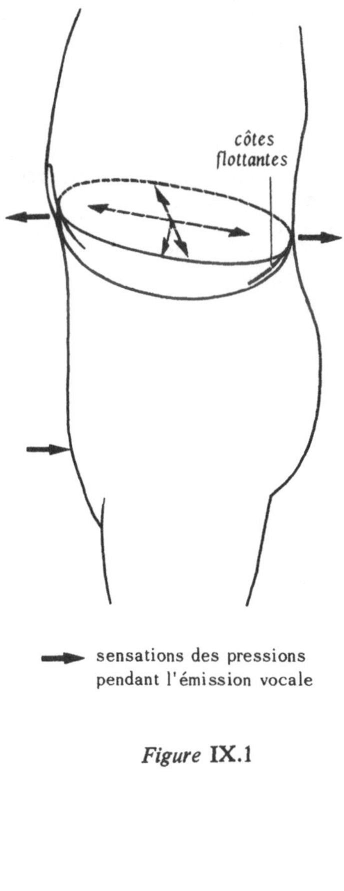

Figure IX.1

d) Entraînement systématique de la résistance (ou tenue) des côtes à l'expiration (condition *sine qua non* de l'action du diaphragme).
e) Travail de l'activité du dos (au niveau des reins) qui permet à la fois l'ouverture maxima du diaphragme et une complète détente inspiratoire.
Vous pouvez maintenant, après avoir travaillé ces différentes synergies respiratoires pendant deux mois, aborder le travail du diaphragme pendant l'expiration.

IX.1. *L'appui du diaphragme.*

L'appui du diaphragme est ressenti comme une pression qui va de l'intérieur du corps vers l'extérieur sur tout le pourtour du corps dans la zone qui avoisine le bord du diaphragme, c'est-à-dire sous les côtes basses, dans le creux xiphoïdien dit « creux de l'estomac », et dans le (ou les) creux des reins : nous en avons pris conscience dès la deuxième leçon, (III.4). Nous pouvons contrôler cette action du diaphragme de deux manières : par-devant et par-derrière.
a) Poser légèrement vos doigts dans le creux de l'estomac et, après une grande inspiration, soufflez lentement en sentant une pression continue qui pousse vos doigts. Cherchez à ce que vos côtes restent tout à fait ouvertes pendant les cinq premières secondes et ne se referment ensuite que très lentement.
b) Mettez vos doigts dans le dos sur la partie la plus basse des côtes flottantes. Soufflez en poussant vos doigts vers l'extérieur.
c) Ces exercices impliquent un resserrement continu de la base du corps, au niveau du sacrum, du bas du ventre, du sexe (fig. IX.1.).

B. Appareil vocal

J'appelle « appareil vocal » par opposition à l'appareil respiratoire l'ensemble du système cou-tête responsable des sons de la langue. Nous avons commencé dès la première semaine le travail sur notre appareil vocal. Ce travail se fait selon 4 directions : 1) agrandissement des résonateurs; 2) détente générale de la musculature; 3) précision des actions musculaires; 4) indépendance des actions musculaires. Jusqu'ici nous avons surtout travaillé 1) et 2), essentiels au développement de la voix. Durant le travail de ce troisième mois, il faudra insister davantage sur 3) et 4), entraînement direct au travail des unités articulatoires.

Je vous rappelle les principaux axes du travail sur l'appareil vocal. A vous d'insister sur tel ou tel aspect selon les besoins de votre système vocal.

1

L'ouverture de la mâchoire est fondamentale parce qu'elle desserre l'ensemble de l'appareil vocal; en particulier la descente de la mâchoire inférieure par rapport à la mâchoire supérieure et l'allongement des muscles de la mastication (masseter) augmente les dimensions intérieures du pharynx.

Si la mâchoire doit être desserrée et ouverte sans exagération (sauf dans les sons aigus et forts où il faut ouvrir la gueule au maximum), elle ne doit jamais être avancée : tout prognatisme articulatoire contracte le larynx (Exercices mâchoire I.13-14; II.8-9-10; III.13).

2

Le pharynx, premier résonateur du corps, est, avec la langue, le principal responsable de la force et de la largeur de la voix. Nous avons entraîné son ouverture dans le travail de la mâchoire, le bâillement (II.8-9) et l'avancée de la langue (IV.8). Nous pouvons augmenter son volume par légère descente du larynx.

3

Le larynx est situé à l'extrémité de la trachée-artère (chap. x, fig. II). Si vous palpez de la main votre trachée, vous sentez qu'elle est formée d'anneaux quasiment arrondis, sauf en sa partie supérieure où les anneaux ronds sont remplacés par un cartilage pointu, vaguement en forme de proue : ce sont les deux ailes du cartilage thyroïde, c'est-à-dire l'extrémité du larynx. Cette avancée est plus saillante chez les hommes parce que leur larynx est plus gros et forme la proéminence appelée « pomme d'Adam »; chez les femmes, elle est moins visible mais on la sent nettement au toucher.

Contrôlez la position de votre larynx en le tenant légèrement entre le pouce et l'index. Si vous bâillez profondément, vous sentez qu'il descend presque jusque dans la poitrine. Si au contraire vous avalez votre salive, il va monter vers le haut, appelé par le réflexe de déglutition, et se loger quasiment dans la mâchoire inférieure. Il peut donc monter et descendre de plusieurs centimètres.

Ces différentes positions du larynx ont une grande influence sur le son de la voix puisqu'elles agrandissent ou rapetissent le volume de la cavité pharyngée responsable des harmoniques graves du son. En gros, l'abaissement du larynx va donc donner plus d'harmoniques graves, plus de corps, aux sons.

Mais cette descente doit se faire sans contractions des muscles qui le tirent vers le bas, et sans qu'il soit poussé vers le bas par la racine de la langue. Quand vous entraînez une légère descente souple du larynx, il faut la faire suivre d'une décontraction totale des muscles du cou (II.8-9-10; IV.9; V.7; VII.9).

4

La langue est un muscle fabuleux qui peut prendre toutes sortes de positions et de formes : elle est responsable des caractéristiques des voyelles et de toutes les consonnes sauf les quatre bi-labiales. Si elle est trop « avalée », sa racine appuie sur l'os hyoïde et crée, au niveau du larynx, la contraction qui fait le son guttural. Il faut travailler son avancée (pour dégager le pharynx), l'agilité de sa pointe, et la non-contraction de sa racine (IV.8-9 et *s.*).

IX.2. *Travail de la langue.*

C'est un travail détendant que vous pouvez mettre au milieu du travail vocal. Asseyez-vous devant une glace, le corps droit :

a) Sortez la langue le plus possible, puis rentrez-la une dizaine de fois sans que la mâchoire (ni le larynx) ne bouge.

b) Sortez-la en position étroite (langue pointue) et en position large (dix fois), puis posez-la sur les dents inférieures et passez-la dix fois de la position étroite à la position large (position de détente maximale) (fig. IX.2.).

c) Tirez la langue et allez caresser de sa pointe le pourtour des lèvres le plus loin possible dans toutes les directions. Nous travaillerons la pointe de la langue avec les consonnes /*l*/, /*n*/, /*d*/, /*t*/.

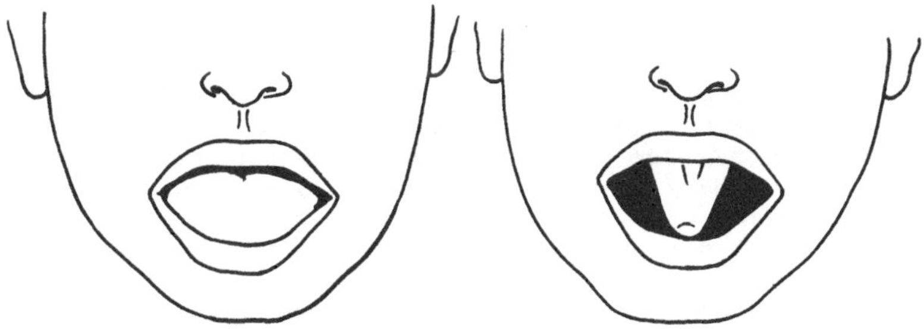

a. position large de la langue b. position étroite de la langue

Figure IX.2

5

Les lèvres ont tendance à se contracter sur certains sons : contraction en extension, type « sourire forcé » dans /*a*/, /*i*/, /*é*/, /*s*/, /*z*/; contraction en resserrement dans /*ou*/, parfois /*o*/ et dans les bi-labiales /*m*/, /*b*/, /*p*/.

Il faut travailler la précision de l'articulation des lèvres (consonnes bi-labiales), leur indépendance relative par rapport à la mâchoire, leur avancée sans contractions et leur souplesse (I.14-15; III.8; V.8; VI.1).

6. DÉTENTE DE L'APPAREIL PHONATOIRE

IX.3. *Exercice 1.*

Voici un très bon exercice de détente générale de l'appareil vocal qui peut vous servir pour « l'éveil » de la voix. Vous vous asseyez devant une table, vous posez vos coudes sur la table et mettez la tête dans vos mains, les pommettes dans le creux de chaque main, les pouces sous les oreilles :

a) Commencez par une respiration abdominale pure, en détendant la tête, le cou, la mâchoire, les épaules.

b) Parlez, lentement, posément, soit en disant un texte que vous savez par cœur, soit en inventant quelque chose, soit même en lisant un texte en détendant le cou et la mâchoire.

IX.3. *Exercice 2.*

Asseyez-vous sur une chaise ou sur un fauteuil où l'on est assis (pas couché la tête appuyée). Détendez tête, cou, bras, épaules et surtout mâchoire. Dites un texte en remuant doucement votre tête à droite et à gauche et en la sentant comme « enfoncée » dans les épaules. La gorge et la mâchoire sont tout le temps détendues, vous articulez normalement, mais sans tension, comme si vous grommeliez.
Ces deux exercices sont de bons moyens de se mettre des textes « en bouche », c'est-à-dire dans la voix.

C. Le travail des sons harmoniques

Nous avons fait beaucoup d'exercices qui avaient essentiellement pour but de développer la sonorité de la voix. Je vous en rappelle brièvement les principes [1].

1

La vibration première fournie au niveau des cordes dépend du souffle (à la fois de ce qu'il donne au niveau du bas-ventre et de ce qu'il retient au niveau du diaphragme), et de la relation entre le souffle et les cordes vocales.

a) Nous entraînons la qualité vibratoire dans les *sons tenus* de type chant (II.12; III.9-10-11; IV.10; V.4-5; VI.6-7-8; VII.2-3-4-7), et dans les exercices de *détente laryngée* tels que IX.3 et 4, mais aussi I.13, II.10, V.7 et 8.

b) La sonorité de la voix et sa qualité dépendent du tissu vocal, qui est enrichi par le *tissage des registres* (tableau p. 74). Nous en avons vu les trois premières phases :

Phase 1. Découverte du registre aigu.

Phase 2. Fabrication du registre médium à partir d'éléments du registre aigu mixés à des éléments propres au registre grave.

1. Pour plus de détails, je vous renvoie à C.R.M.W. : *Petite Méthodologie du développement de la voix.*

Phase 3. Croisement des registres et extension du médium (IV.11; V.3; VI.5; VII.1).

Je vous conseille de reprendre un exercice à partir du registre aigu environ une séance sur deux. Il faut environ quatre ans de travail pour arriver à la 4e phase : voix très entraînées où les registres sont unifiés sur presque toute la longueur de la voix.

2

Le son finalement *émis* dépend de la relation entre la vibration sonore des cordes et les résonateurs. A ce niveau, nous pouvons travailler à développer les résonateurs par le travail de l'appareil vocal. Nous pouvons aussi travailler les voyelles les unes par rapport aux autres.

a) *Voix et voyelles. Enrichissement harmonique horizontal*[1].

Les sons de notre langue maternelle, chargés de toute notre histoire personnelle, sont grevés de lourdes hypothèques, tant psychologiques que physiologiques. Pour ne parler que de ces dernières, l'image mentale de chaque voyelle est liée, pour chacun de nous, à des mouvements particuliers des différentes parties de l'appareil vocal. Ainsi, chez la majorité des Français, le /*i*/ est très serré (de la gorge, du pharynx, de la mâchoire et souvent des lèvres); le /a/ clair est fait avec le larynx très remonté et la langue très avalée dans l'arrière de la gorge, d'où une contraction pharyngée et un son souvent plat, sans harmoniques très aiguës et sans harmoniques graves. Dans le /*ou*/, au contraire, le larynx généralement descend, mais le pharynx reste étroit, la mâchoire serrée, et le son qui en résulte est sourd : il n'a pas d'harmoniques aiguës, il ne « porte » pas.

Chaque son-voyelle ayant des qualités et des défauts, nous les travaillons les uns par rapport aux autres, en profitant de ce que chaque son peut « déteindre » sur le ou les sons qui le suivent, si l'on cherche délibérément à ce que le deuxième son comporte tel élément semblable au premier. Ainsi avons-nous fait quand, après le travail sur /*o*/, nous avons travaillé /*o*/ — /*ɔ*/ (III.13).

Dans le travail de la voix, les deux meilleures voyelles sont le /*o*/ (qui est la voyelle la plus favorable à l'ouverture et à la détente de la gorge) et le /*i*/ qui est la voyelle la mieux « timbrée », la plus riche

1. Je pense que vous avez lu et relu le chapitre x, sinon ces notions risquent fort de vous être incompréhensibles.

en harmoniques aiguës. Je vous conseille de travailler toutes les voyelles et de les travailler (comme nous l'avons fait) les unes par rapport aux autres : /*i*/ et /*é*/ après /*o*/ pour les ouvrir, /a/ et /*è*/ après /*ou*/ ou /*w*/ pour l'abaissement du larynx, toutes les voyelles après /*i*/ ou /*y*/ pour les « timbrer », etc. (cf. II.11-12-13; III.9-10-12-13; IV.9-10-12; V.8-9-10; VI.7-8-9-10-11; VII.4-7-8-9; VIII.1-2-3-4).

Voici un exercice type de ce travail d'enrichissement « horizontal ».

IX.4. *Beau. Bout. Bois. Boué.*

Vous prononcez la liste suivante, ligne par ligne, en lisant d'abord de gauche à droite, puis de droite à gauche.

a) De gauche à droite, vous cherchez à garder l'ouverture de gorge du /*o*/ et les harmoniques graves du /*ou*/, ce qui est facilité avec bois et boué par la semi-voyelle /*w*/.

b) De droite à gauche, vous cherchez à garder les harmoniques aiguës et le timbre du /*é*/.

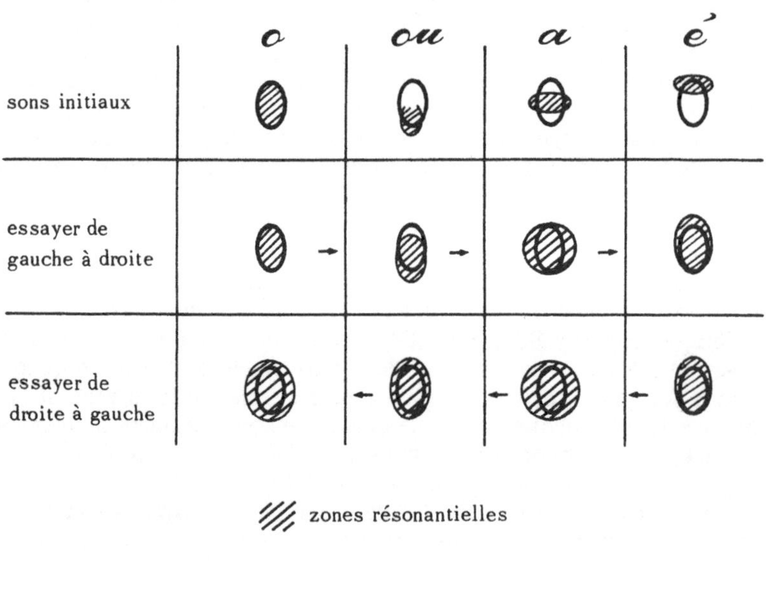

Beau	Bout	Bois	Boué
Dos	Doux	Doigt	Doué
Chaud	Choux	Choix	Echouer
Faux	Fou	Foi	Fouiller
Goths	Goût	Goître	Goûter
Haut	Houx	Oie	Huer
Jo	Joue	Joie	Jouer
Côte	Cour	Quoi	Collier
Mot	Mou	Mois	Mouiller
Nô	Nous	Noix	Noyer
Pot	Poux	Poix	Ployer
Rôt	Roux	Roi	Rouiller
Sot	Sous	Soie	Souiller
Tôt	Tout	Toit	Taulier
Veau	Vous	Voix	Vouer

b) *Enrichissement harmonique vertical.*

Si nous pouvons enrichir les sons « horizontalement », sans tenir compte de leur hauteur musicale, nous pouvons aussi les enrichir en utilisant leur diversité naturelle sur l'échelle musicale.

En effet, notre tendance spontanée est d'assombrir les sons bas de l'échelle musicale et d'éclaircir les sons aigus de l'échelle. Autrement dit, nos notes graves manquent d'harmoniques aiguës et nos notes aiguës manquent d'harmoniques graves.

Nous allons alors chercher, en descendant l'échelle musicale, à garder l'aigu (en harmoniques) de la note la plus haute pour que peu à peu l'ensemble de la voix s'enrichisse d'harmoniques aiguës. Ensuite, nous remonterons de bas en haut pour que la voix s'enrichisse d'harmoniques graves.

Pratiquement, dans les exercices, ce travail se mélange avec celui des registres. Nous avons fait beaucoup d'exercices dans ce sens. Il vaut mieux commencer par l'aigu (de haut en bas) comme nous avons fait les quatrième, cinquième et sixième semaines, mais il faut également travailler de bas en haut, comme nous avons fait sur la quinte et sur l'octave (par exemple VII.7).

c) *Le travail des contraires.*

Tout au long des huit semaines de travail, vous avez pu faire en vous cette expérience fondamentale que votre voix était un acte de votre corps. Vous avez également expérimenté le rôle capital des sensations corporelles dans le travail de la voix, et ce sur les quatre plans des sensations musculaires, vibratoires, auditives internes et auditives externes. Nous avons employé également ce que j'appelle « l'imaginaire corporel » qui peut se référer à des sensations intérieures au corps matériel (respirer par le ventre) ou extérieures (projection de sons...). Je voudrais insister sur un type d'exercices que je crois très fructueux, l'emploi de la contradiction.

Nous en avons eu un exemple en V.6 (je vous demandais de monter un objet imaginaire quand la voix descendait) et en VIII.8 (je vous demandais de localiser « en haut » les sons-voyelles graves et « en bas » les aigus). Voici encore un autre exercice de « contradiction ».

IX.5. *Les places contraires*

Quand nous disons /*i*/ nous le sentons très en avant, dans les lèvres et à la racine du nez. Mais il est serré de la gorge. Au contraire le /*ou*/ est senti dans la gorge et il manque de timbre. Voici une liste de mots de deux syllabes en /*ou*/ — /*i*/, et en /*i*/ — /*ou*/. Lisez ces mots à haute voix et pensez que vous placez les /*i*/ derrière la nuque et les /*ou*/ dans la coulisse des lèvres. Pour vous y aider, mettez les mains en porte-voix devant la bouche et le nez pour /*ou*/, et de part et d'autre de la nuque pour /*i*/. Vous sentirez vos /*i*/ s'ouvrir et vos /*ou*/ se timbrer. Faites la même chose avec la liste en /*o*/ — /*i*/.

/*ou*/ — /*i*/

Courir — Souffrir — Pourrir — Mourir — Bouffi — Poussif — Moujik — Bougie — Roussi — Outil — Roumi — Moustique

/*i*/ — /*ou*/

Filou — Bijoux — Hiboux — Grigou — Pistou — Grisou — Simoun — Guitoune — Ristourne — Discours — Bistouri — Igloo —

/*o*/ — /*i*/

Audible — Aulique — Autriche — Auspice — Mobile — Horrible — Vomi — Joli — Docile — Maudit — Poli — Possible — Potiche — Sosie — Bottine.
Pivot — Pirogue — Idiot — Ignoble — Ciseaux — Nicot — Nigaud — Silo — Dispos — Finaud — Cristaux — Sirop.

D. Travail des unités articulatoires

1. VOYELLES NASALES

Nous avons travaillé les principaux sons-voyelles de la langue française sauf les voyelles dites nasales. Ce qui fait difficulté avec les nasales françaises, c'est que c'est la voyelle elle-même qui est nasalisée. Or, la nasalisation ne s'obtient qu'avec l'abaissement du voile du palais, et l'on sait que l'abaissement du voile provoque une sorte de fuite sonore, de perte résonantielle. Dites « Mot-Mont »; vous sentez que le passage de l'air et du son « dans le nez », dans /mont/ amène une déperdition considérable de l'énergie sonore. Pour que la déperdition ne soit pas trop grande, il faut éviter d'abaisser trop le voile du palais, et garder dans « mont », 80 % de « mot » et seulement 20 % de nasalité.

IX.6.

Pour vous y entraîner, voici des listes de mots avec des voyelles nasales précédées de mots semblables sans nasalisation. Essayez d'obtenir le son nasal avec très peu de changements de position du voile (très peu de fermeture de l'arrière-bouche).
(Pour la liste en u — un, pensez à avancer les lèvres sur /eu/ et sur /un/).

Mat	Menthe	Age	Ange
Plat	Plan	Lame	Lent
Déjà	Jean	Jarre	Genre
Flaque	Flanc	Cadre	Cendre
Dague	Dent	Vase	Venge
Bague	Banc	Mage	Mange
Laid	Lin	Fait	Faim
Paix	Pain	Verre	Vin
Mets	Main	Crème	Crin
Biais	Bien	Fraise	Frein
Paître	Peintre	J'erre	Geinds
Loi	Loin	Mois	Moins
Joie	Joint	Foi	Foin
Goître	Goinfre	Poids	Poing

Quoi	. Loin	Oie	. Oint
Croix	. Groin	Drap	. Drain
Beau	. Bon	Faux	. Fond
Chaud	. Chaudron	Do	. Don
Ghô	. Gond	Jo	. Jonc
L'eau	. Long	Mot	. Mont
Rôt	. Rond	Pot	. Pont
Veau	. Vont	Sot	. Son
Eux	. Un	Heureux	. Humble
Feu	. Parfum	Jeu	. A jeun
Bœufs	. Brun	Queue	. Aucun
Creux	. Chacun	Mieux	. Commun
Lieux	. Lundi	Vœux	. Défunt
Veut	. Tribun	Aveu	. Importun

2. LES CONSONNES

Une certaine tradition française tend à réduire le travail de la voix à des exercices d'articulation, type Babebibobu, Papepipopu, prononcés le plus vite possible, et je vois souvent venir à moi des apprentis-comédiens à la voix fatiguée qui se plaignent de ce que les exercices de voix qu'on leur a donnés les enrouent. Rien d'étonnant à cela : ce ne sont pas des « exercices de voix » mais des exercices de musculation consonantique, et le travail des consonnes ainsi effectué ne fait que contracter la voix, et donc l'enrouer.

Les consonnes doivent toujours être travaillées par rapport à l'ensemble de l'appareil vocal et par rapport aux autres sons. On ne travaille pas des consonnes, mais des éléments articulatoires du langage.

Principes du travail des consonnes.

a) Prendre conscience dans son corps du *mouvement articulatoire* propre à la consonne : par exemple, pour le /*l*/, *sentir* la partie de la pointe de la langue qui va toucher le palais, et sentir le lieu touché, le bourrelet des alvéoles derrière les incisives supérieures.

b) Entraîner le mouvement lentement, en cherchant à ce qu'il « diffuse » le moins possible de contractions musculaires dans le reste de l'appareil vocal. Par exemple, pour le /*l*/, contrôlez que le mouvement de la pointe de la langue se fasse sans entraîner de répercussions au niveau de la mâchoire (elle est tout le temps ouverte et détendue), ni de la racine de la langue (elle ne doit ni bouger, ni se contracter).

c) Le mouvement articulatoire de la consonne doit se faire en déteignant le moins possible sur la voyelle qui suit.

Par exemple, dites lentement *lo,* (respirez) *li,* (respirez) *lé;* après le petit éclatement du /*l*/ (le moment où la langue décolle du palais) cherchez à ce que votre langue se mette le plus rapidement possible dans la position de la voyelle, et qu'elle y soit aussi détendue que quand vous dites /*o*/, /*i*/ ou /*é*/ sans consonne.

d) Après avoir entraîné le mouvement articulatoire dans un tempo lent, entraînez-le dans les mêmes conditions qu'en (*b*) et (*c*) mais vite.

IX.7. Je vous conseille d'entraîner d'abord vos consonnes à l'intérieur de sons tenus chantés. Par exemple a) Chantez « le lilas » sur un *sol* en cherchant à ce qu'on n'entende pas 1 mais 2 fig. IX.7. b) Descendez ainsi par demi-tons. c) Reprenez comme en a) mais en voix parlée voisine des notes. d) *Idem* mais en voix parlée libre, cherchée à différentes hauteurs.

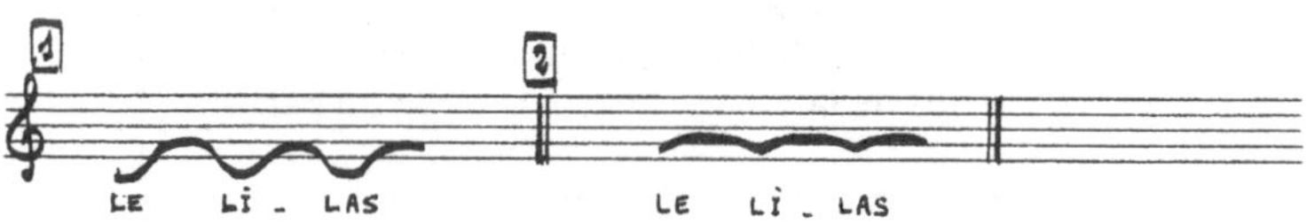

e) Il y a enfin un travail particulier aux *consonnes voisées*, consonnes pendant lesquelles les cordes vocales émettent une vibration harmonique. En effet, cette vibration va interférer avec les harmoniques des voyelles qui précèdent ou (et) suivent la consonne. La hauteur de la vibration de la consonne doit être voisine de celle de la voyelle, si l'on ne veut pas entendre une sorte de « dégueulando », provoqué par le temps que met la vibration laryngée à passer des harmoniques de la consonne à celle de la voyelle.

Le voisement des consonnes est particulièrement sensible avec les nasales et le /*l*/, qui sont des sons continus suivis d'une explosion. Si vous comparez attentivement le Massy-Palaiseau dit par une voix d'homme (fig. X.24) à celui dit par une voix de femme, vous pouvez voir que le /*l*/ de l'homme, qui dure 8,8/100ᵉ seconde dérange peu la continuité des harmoniques entre /a/ et /*è*/; celui de la femme, plus long (12,3/100ᵉ seconde) rompt presque complètement la continuité du son.

Les différentes consonnes.

les consonnes

faites avec	*a*	*b*	*c*	*d*	*e*	*f*	*g*
Sourdes	p	f	t	s	ch	k	k
Sonores	b	v	d	z	j	g	g
Nasales	m		n			gn	gn
			l			r	

a : les 2 lèvres bi-labiales. — *b* : la lèvre inférieure contre les incisives supérieures. — *c* : la pointe de la langue derrière les incisives supérieures. — *d* : sifflantes. — *e* : chuintantes. — *f* : le dos de la langue contre le palais dur. — *g* : le dos de la langue contre le voile du palais.

Voici un tableau des 17 consonnes de la langue française classées d'après leur lieu articulatoire, et selon qu'elles sont « sourdes », « sonores » ou « nasale ».

a) /*m*/, /*b*/, /*p*/ sont prononcées par la jonction et séparation des deux lèvres (lieu articulatoire : fig. IX.8).

Travaillez : 1. L'action des lèvres sans fermeture ni resserrement musculaire de la mâchoire (cf. I.14; II.13).

2. La mise en place rapide de la voyelle qui suit.

chercher à faire **et non pas**

Figure IX.7

3. Enfin, la brièveté du « trouble » apporté par la consonne dans la voyelle. Par exemple, en chantant une voyelle que l'on coupe le plus brièvement possible par la consonne (fig. IX.7).

b) Pout /*t*/, /*d*/, /*n*/, et /*l*/ le lieu articulatoire est relativement variable. Toutes les 4 sont faites avec la pointe de la langue (B ou C) qui vient toucher le palais derrière les incisives supérieures, soit en touchant les incisives en leurs racines (lieu 3) (cas général de /*t*/ et /*d*/), soit en touchant les alvéoles (3.4) (cas du /*l*/). A l'inverse du /*t*/ et /*d*/ anglais, où l'on doit entendre un petit souffle après la consonne, les /*t*/ et /*d*/ français sont « non aspirés », ils ne doivent pas être suivis d'un souffle perceptible par l'oreille.

c) /*k*/, /*g*/, /*gn*/. Le lieu d'articulation n'a pas besoin d'être trop précisé : il varie en fonction de la voyelle qui précède et de la voyelle qui suit; en gros, l'occlusion est produite par le dos de la langue (D.E.F) qui va toucher le palais dur ou le voile du palais (5.6.7), souvent les deux à la fois, puis s'en décolle. Travaillez ces consonnes en visant à la fois la netteté et la légèreté d'une articulation qui, souvent, contracte la base de la langue et tend à « mettre la voix dans la gorge ».

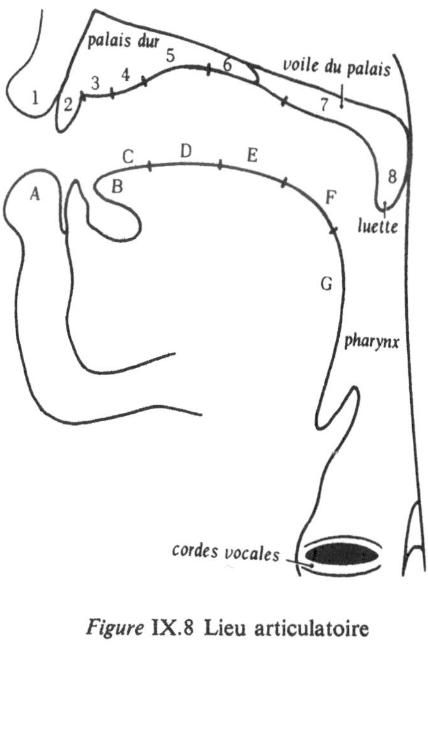

Figure IX.8 Lieu articulatoire

d) */f/*, et */v/*, */s/* et */z/*, */ch/* et */j/* sont des consonnes continues. Les */f/* et */v/* sont les seules à être articulées par la lèvre inférieure joignant les incisives supérieures (A.2), et elles posent rarement des problèmes. Par contre, les quatre autres sont probablement les consonnes les plus « difficiles » de la langue française. Ce qui fait difficulté avec elles, c'est qu'elles sont faites de façons très voisines, par la pointe de la langue qui fabrique une espèce de gouttière dans laquelle l'air vient produire un son de friction : si la gouttière est très étroite, le son est plus aigu (*/s/*, */z/*); si la gouttière est plus large, le son est plus grave (*/ch/*, */j/*). Peu importe ici comment est fait le mouvement : la pointe de la langue peut être plus ou moins basse pour le */s/*, elle peut être complètement remontée vers les alvéoles pour */ch/* et */j/*; l'important est dans le résultat sonore : la gouttière du */s/* doit provoquer un bruit blanc très aigu (au-dessus de 4 400); tandis que le trou laissé pour le */ch/* doit provoquer un bruit moins aigu (entre 2 500 et 6 000; cf. chap. X fig. 5). L'essentiel du travail devra se faire ici à l'oreille : il s'agit d'obtenir des bruits purement aigus pour */s/* et */z/*, et purement « graves » pour */ch/* et */j/*.

L'opposition entre les sifflantes /s/, /z/ et les chuintantes */ch/* */j/* est aidée par une avancée des lèvres sur les chuintantes.

Le */s/* et le */z/* qui demandent à la pointe de la langue d'être très « serrée » contre les dents, sont souvent accompagnés d'une constriction des lèvres en forme de rictus jointe à une contraction de la base de la langue et de la mâchoire. Si vous avez ce défaut, il faut (comme avec */i/* et */é/*) dire des mots ou logatomes avec */s/* ou */z/* et pousser avec deux doigts les commissures des lèvres vers l'intérieur chaque fois que vous prononcez */s/* et */z/*, puis redire les mêmes mots en contrôlant mentalement la détente des lèvres.

La précision de la pointe de la langue dans le */s/* est très facilitée en mettant devant un */t/*. Si vous avez des difficultés avec vos */s/*, travaillez à resserrer le trou que laisse la langue avec */ts/* et tous les sons-voyelles; puis détendez bien l'ensemble de l'appareil vocal pendant la voyelle.

e) Le */r/* peut se prononcer de très nombreuses façons. Dans bien des régions, on le prononce encore comme au XVIIe siècle avec la pointe de la langue qui vient vibrer contre les alvéoles (3.4); elle y « roule » plus ou moins comme un tambour, d'où le nom de */r/* « roulé » donné à cet */r/* apico-alvéolaire qui est celui des Pyrénées Orientales, de la Bourgogne, du Québec ou de la Wallonie. On le roule également ainsi dans la tradition lyrique française. On peut également faire rouler le */r/* en faisant vibrer la luette (fig. IX.8) contre le dos de la langue, comme faisait Edith Piaf.

Mais le /*r*/ français considéré comme le plus normal n'est pas roulé : il est fait par le dos de la langue qui se rapproche du palais dur, du voile du palais ou même (par exemple, parfois, dans l'accent « parigot ») contre le fond de la cavité pharyngée.

Certains de mes élèves ont des /*r*/ très « dans la gorge » qui fatiguent leur voix (et souvent sont suivis de petits « couac » de la voyelle). Dans ce cas, il est indispensable de travailler spécialement les /*r*/, en essayant d'avancer leur point d'articulation, pour qu'ils soient prononcés au milieu du palais dur (fig. IX.8, point entre 5 et 6). La place du /*r*/ est conditionnée par les sons qui le précèdent et le suivent : il est plus avant lié à /*i*/ et aux consonnes /*b*/, /*m*/, /*d*/, et /*g*/.

IX.8. *Exercices pour les /r/.*

Dites *bri, bré, bra, bro, brou* en cherchant à mettre tous les /*r*/ à la même place que le premier. Continuez avec /*mri*/, /*dri*/, /*gri*/, puis toutes les consonnes.

IX.9.

Dites Iris, en cherchant à ce que la langue bouge le moins possible pour le /*r*/. Dites ainsi Iridium — Iridié — Ire — Irisable — Irisé — Irréel — Irréductible — Irréalité — Irrédentisme — Irréfléchi — Irréfragable — Irréformable — Irrégulier — Irradier — Irraisonné — Irrationnel — Ironie — Ironique — Irroration — Irréversible — Irrévocable — Mirifique — Mirmidon — Mirobolant — Admirable — Miracle — Mirage — Miroir — Mirador — Mironton — Birbe — Brigitte — Brigade — Bravo — Bride — Bricoleur — Brouette — Brouter — Brugnon — Broyer.

E. Vers la voix vive

Vous ne pouvez vous contenter de travailler « les sons », ni même les seules unités articulatoires. Vous devez aboutir, à chaque séance, à du travail technique de phrases et de textes — et à des moments où vous oubliez votre voix et ne pensez plus qu'à dire votre texte.

1. LA PHRASE

Le travail de la phrase sera axé sur ce qui fait proprement la phrase, c'est-à-dire la continuité du flux vocal.

IX.10. *Homogénéité vocale.*

a) La voyelle /*ou*/ (cf. VIII.9.) est généralement sourde. Dites : « Viens, écoute, Par la route Voir la joute du roi Jean » et cherchez à ce que tous les sons aient la même largeur, la même portée(fig. IX.10).
b) Un de mes jeunes élèves a le /*i*/ beaucoup plus fort que les autres voyelles, d'autres ont les nasales nettement plus faibles; toutes ces voix boitent. Essayez de connaître sous cet aspect de l'homogénéité, les plus gros défauts de votre voix et inventez-vous des exercices pour atténuer vos principales irrégularités.
c) Travaillez également la régularité du flot vocal sur des phrases plus ou moins longues, comme nous avons fait en V.11; VI.12; VII.10; VIII.6.

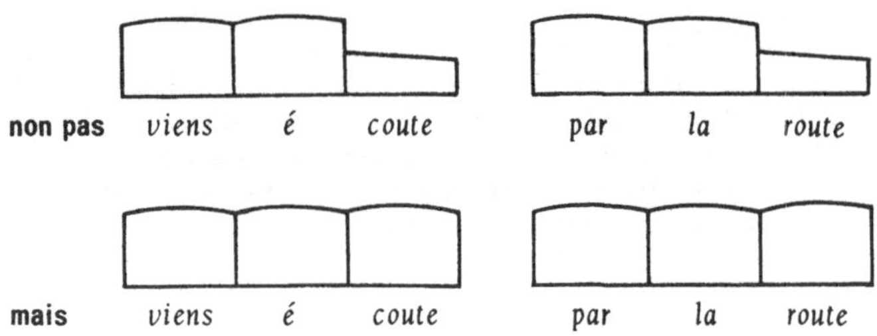

Figure IX.10

2. L'INTONATION ET LE RYTHME

Ce qui fait la vie d'un texte, ce sont les variations que vous y mettez : variations de timbres, d'intensités, de rythmes, de hauteurs. Nous avons travaillé les questions de timbre et d'intensité. Pour ce qui est de l'intonation, il faut tendre à rendre votre voix capable de monter et de descendre sans heurts ni coincements trop manifestes. Nous avons fait pour cela des exercices parlés sur la quinte ou l'octave les septième et huitième semaines. Je vous conseille de reprendre ces exercices, d'en inventer d'autres voisins.

IX.11. *Mandoline.*

Prenons comme prétexte de travail un poème de Verlaine :
a) Selon le même principe que VI.6, dites le premier vers en voix très aiguë (cherchez à être nettement dans le registre aigu, au-dessus du *do* aigu de votre octave), puis dites le deuxième vers sur le *do* aigu, et descendez à peu près par demi-ton, vers après vers, jusque dans le grave de votre voix.
b) Faites l'inverse. Commençant dans le grave de votre voix, montez très lentement, chaque vers étant parlé légèrement plus haut que le précédent. Essayez de régler la montée pour arriver en registre de tête sur les deux ou trois derniers vers.
L'ensemble de l'exercice doit être fait en voix légère. Pensez l'aigu « sombre » et le grave « clair ».

MANDOLINE

Les donneurs de sérénades
Et les belles écouteuses
Échangent des propos fades
Sous les ramures chanteuses.

C'est Tircis et c'est Aminte
Et c'est l'éternel Clitandre
Et c'est Damis qui pour mainte
Cruelle fait maint vers tendre.

Leurs courtes vestes de soie,
Leurs longues robes à queue,
Leur élégance, leur joie
Et leurs molles ombres bleues.

Tourbillonnent dans l'extase
D'une lune rose et grise,
Et la mandoline jase
Parmi les frissons de brise.

IX.12. *Rythme et mouvement.*

Le rythme, l'impulsion rythmique, la variété des rythmes sont un des éléments fondamentaux de la vivacité de la voix.
Voici un exercice rudimentaire qui vous permettra d'acquérir plus de légèreté et de mobilité dans votre prononciation, en même temps que de prendre mieux conscience de découpes rythmiques élémentaires.

Donnez-vous une battue régulière en frappant, par exemple avec un crayon sur une table, à une allure de un coup par seconde. Puis dites, une fois par temps (cf. fig. IX.12) *li*, *mé*, *li*, *mé*, *lo*. Contrôlez bien que c'est la voyelle qui doit tomber en même temps que le son du crayon. Puis, mettez 2 syllabes (régulièrement espacées) dans chaque temps, puis 3, 4, 6 et 8, en veillant bien à la régularité des espacements. Enfin, travaillez les passages difficiles : de 2 à 3, de 4 à 6 ..

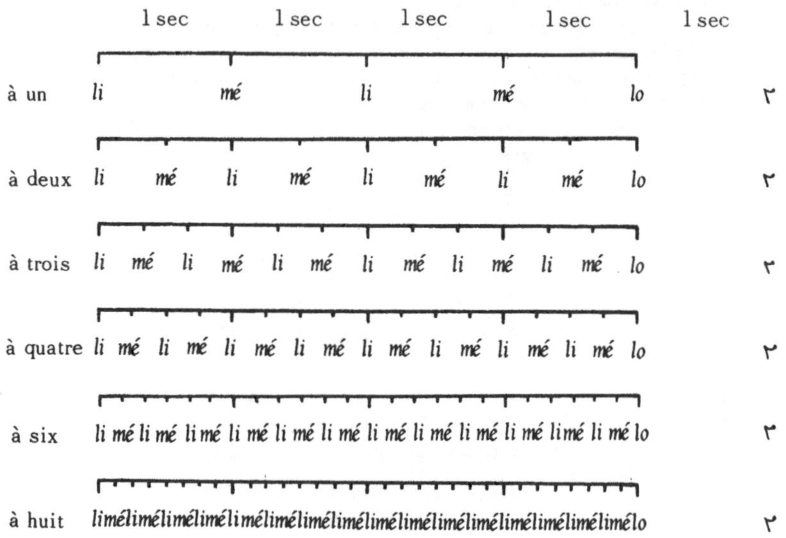

Figure IX.12

3. LA VOIX VIVE

Le deuxième mois était placé sous le signe du développement vocal; nous aurions pu l'appeler « vers la voix forte ». Mais l'intensité vocale n'est qu'un aspect limité de la voix : la voix forte peut aussi être lourde, guindée, raide, monotone, sans vie. Et je voudrais placer le travail de ce troisième mois sous le signe de la voix vive, rapide, légère, changeante comme le vent.

Voici un texte extrait de *l'Arrache-Cœur* de Boris Vian.

Le vent traînait des pailles sur le chemin, pailles arrachées aux litières par les minces brèches des portes, pailles volantes des abords de grange, pailles anciennes des meules oubliées au soleil. Le vent s'était levé matin. Il avait raclé la surface de la mer pour lui prendre le sucre blanc des embruns, il avait grimpé la falaise, faisant sonnailler les bruyères stridentes, il tournait autour de la maison, se taillant un sifflet du moindre recoin, soulevant ça et là une tuile plus agile, roulant des feuilles de l'automne passé, filigrane bruni ayant échappé à la succion du compost, tirant des ornières une draperie de poudre grise, écorchant de sa râpe la croûte sèche d'anciennes flaques.

IX.13.

a) Travaillez d'abord élément par élément, (la première grande phrase fait quatre éléments). Cherchez à éliminer les difficultés techniques, lisez lentement chaque phrase et répétez-la une dizaine de fois, avec différents rythmes, différentes intonations, à différentes hauteurs.
b) Commencez à faire la synthèse de la première grande phrase, et surtout de la grande phrase qui commence avec « il avait raclé... ». Cherchez à lui donner sa vie, la vie même du vent. Sachez-la par cœur. Cherchez à trouver avec votre corps (en faisant des mouvements, une espèce de danse) et avec votre imagination les mouvements de la phrase, et que ces mouvements de voix qui monte, qui descend, qui enfle et diminue, qui accélère et ralentit brusquement ou peu à peu, que toutes ces variations aboutissent à un grand mouvement d'ensemble.
c) Enfin, faites la synthèse de l'ensemble des trois phrases, en marquant bien la personnalité propre à chacune d'elle.

4. AUTRES TEXTES

Vous avez assez pour ce troisième mois et je ne puis surcharger ce livre de trop de textes, mais si vous désirez encore poursuivre le travail de votre voix, choisissez vous-même des textes de travail par rapport à la direction dans laquelle vous désirez travailler. Voici quelques suggestions.

Travail de la voix proclamée, forte.

Robespierre, « Sur la Constitution », *Discours et Rapports à la Convention*, coll. 10/18, p. 131 à 136.
Victor Hugo, *Légende des Siècles*. Aymerillot. Particulièrement le grand discours de Charlemagne (« Alors, levant la tête... »).

Paul Claudel, *Tête d'or*, (première version), Ed. Mercure de France, 1959, p. 93 (depuis « Au nom de la mer »... jusqu'à « ne reconnaîtrez-vous pas qui je suis »).

Travail de l'agilité vocale.

E. Ionesco, *La Cantatrice chauve*, Ed. Gallimard, coll. « Folio », p. 61 (monologue du pompier).

B. Vian, *L'Arrache-cœur*, Livre de poche, p. 105 (la suite du texte cité ci-dessus, IX.12).

Construire un texte.

Victor Hugo, *Le Mot.*

H. Michaux, *Plume voyage* ou *Plume au restaurant;* petits récits très vivants qui vous feront travailler les changements de voix, d'expression, de personnages.

La légèreté vocale.

Vous pouvez travailler toute *l'Écume des jours* de Boris Vian. Je vous conseille particulièrement chap. XI « Rencontre avec Chloé » et chap. XXVIII « Discours de Partre ».

Soutenir les phrases.

Pour travailler la tenue des phrases, non seulement la tenue d'une expiration pendant un membre de phrase, mais la tenue intérieure de l'esprit, qui fait que vous soutenez l'intérêt, que vous montrez en lâchant un membre de phrase et en le reprenant après une respiration brève (ou même longue) que la phrase n'est pas finie, pour entraîner ce soutien intérieur qui marque, pour ceux qui vous écoutent, la continuité du sens, je vous conseille de lire à haute voix (et pourquoi pas, devant des auditeurs) quelques pages de M. Proust; par exemple, « La soirée chez les Verdurin » dans *Du côté de chez Swann*, « La Pléiade », p. 199-217.

La voix quotidienne.

Il est bon de vous entraîner également dans une langue plus « quotidienne ». Travaillez, par exemple, à « dire » à quelqu'un un bon article de journal : par exemple, dans *le Monde*, certains articles de Viansson-Ponté dans *Au fil de la semaine*, ou un grand match de rugby raconté par J. Lacouture.

X

Données élémentaires sur les aspects acoustiques, physiologiques, phonétiques, évolutifs et psychologiques de la voix

La voix et les mots

Quand vous parlez à quelqu'un, vous faites deux choses à la fois : vous parlez avec des mots et vous parlez avec votre voix. Vous dites deux choses en même temps et ce n'est pas forcément la même chose. Les mots que vous employez veulent dire quelque chose dans une langue précise, ils ont un sens linguistique. Par exemple, quand vous dites « Comment allez-vous? » vous employez trois mots de la langue française liés en une formule interrogative par laquelle vous êtes censé vous inquiéter de l'état général de la personne à laquelle vous vous adressez. Mais vous savez bien qu'avec la même formule vous pouvez dire des tas d'autres choses, que vous le vouliez ou non. Vous pouvez employer ces trois mots comme une banale formule de politesse; vous signifiez simplement que vous avez enregistré une rencontre et il n'y a plus la moindre question. Vous pouvez vouloir signifier la froideur, l'indifférence la plus totale ou au contraire chercher consciemment à séduire votre interlocuteur, homme ou femme, avec des inflexions, des couleurs dont vous imaginez qu'elles pourront toucher. Et dans ce que vous dites passent encore bien d'autres choses qui peuvent vous échapper complètement; votre interlocuteur peut y sentir l'affection ou la haine, la maladresse, le dégoût, l'envie, le désir sensuel, la force ou la faiblesse de votre caractère etc. Ces différentes significations ne dépendent pas des mots de la langue mais de votre voix. La voix est ce qu'il y a derrière les mots.

Différents aspects de la voix

La voix a toujours deux faces : par l'une, elle est son, musique; par l'autre elle est corps, mouvement corporel, entrée en vibration de corps. Et qui dit « corps » ne dit pas seulement réalité matérielle ou mécanisme cybernétique plus ou moins complexe, mais bien « être vivant », c'est-à-dire aussi ce que le vieil Aristote appelait « âme », je ne sais trop quoi qui distingue le vivant, même plante, de la matière inanimée.

La voix est le propre du vivant et même, semble-t-il, du vivant relativement évolué. Elle est liée, de toute évidence, à la communication et sert à l'existence sociale. Mais elle n'est jamais utilisée uniquement pour transmettre des sortes de messages codés de type linguistique. En l'homme, elle est profondément liée à la libido et, comme telle, échappe à toutes nos tentatives de rationalisation. Elle se tient toujours, dans sa partie essentielle, du côté de l'inconscient, de l'irrationnel, de la magie.

Chez les mammifères déjà, la voix transmet ce qui est de l'ordre des ressentis : le désir, la peur, la tristesse, la colère. Et chez nos cousins les chimpanzés elle paraît liée, comme elle a dû l'être chez les premiers hommes, à l'ébauche de rites magico-religieux [1].

Je me bornerai ici à examiner brièvement les aspects de la voix qu'il vous est nécessaire de connaître pour devenir plus conscient des voix en général, de la vôtre en particulier, et pour mieux comprendre l'organisation de votre travail personnel.

A. Un phénomène sonore

1. ANALYSE ACOUSTIQUE

La voix est d'abord un phénomène sonore, quelque chose qui se passe, ou semble se passer, de bouche à oreille. En tant que telle c'est un phénomène physique susceptible d'une analyse acoustique. Les sons peuvent être classés en deux grandes catégories, les sons dits

1. Cf. Lawick-Goodhal, *Mes chimpanzés et moi.*

« musicaux » et les bruits. Ils s'analysent selon quatre dimensions; trois dimensions statiques : la hauteur, le timbre et l'intensité; et la dimension du temps.

a) *Sons « musicaux » et bruits.*

L'univers tel que nous pouvons le saisir est composé de multiples phénomènes oscillatoires. Certains de ceux-ci se propagent comme des ondes, soit dans le vide (la lumière ou la radio), soit dans l'air. Parmi ces derniers, tous ceux dont la rapidité vibratoire est perceptible par l'oreille rentrent dans la catégorie des sons.

Malheureusement, une terminologie influencée par la musique classique occidentale oppose deux catégories de sons qu'elle appelle les bruits et les sons, ces deux catégories étant censées se différencier par le fait que notre oreille peut attribuer aux sons (et non aux bruits) une hauteur musicale précise.

Une analyse acoustique plus fouillée montre qu'il existe effectivement deux catégories extrêmes : les sons dits « musicaux » ou « harmoniques » produits par un mouvement vibratoire périodique, et les bruits, structures vibratoires plus complexes et désordonnées. Mais, en réalité, il existe aussi des sons à harmoniques irrégulières, le piano, déjà, et encore plus les cloches ou les timbales.

Pour ne parler que de la voix humaine, on y rencontre trois catégories de sons : les sons harmoniques purs, sur lesquels nous construisons les voyelles; les bruits purs, comme certaines consonnes (*s*, *ch*, *p*, *f*, *t*, *h*); et les mélanges de bruits et de sons harmoniques tels que les consonnes dites « voisées » (*z*, *j*, *b*, *v*, *d*, *g*), ou, souvent, les voyelles.

b) *La hauteur.*

L'oreille humaine entend certains sons comme plus hauts que d'autres; par exemple les voix de femmes sont entendues comme plus hautes que les voix d'hommes. Cette distinction de la hauteur musicale est fondée sur la rapidité vibratoire : dès qu'il y a « quelque chose » qui vibre entre plus ou moins 15 et plus ou moins 15 000 fois par seconde, que ce soit une corde de guitare, des lèvres de trompettiste, des ailes de mouche ou la sonnerie d'un téléphone, on entend un son d'une hauteur déterminée. Plus la vibration est rapide, plus le son entendu est « haut ». La hauteur s'écrit en cycles par seconde (c/s) ou hertz (Hz).

c) *Le timbre ou spectre. La couleur vocale.*

Supposons un son simple qui oscille 250 fois par seconde. Il détermine, pour notre oreille, un son régulièrement entretenu soutenu à la hauteur de 250 Hz. Si je représente ce son sur un graphique où je mets le temps en abscisse et la hauteur en ordonnée j'obtiens la figure X.1. Mais les sons purs sont des sons artificiels que l'on ne peut obtenir aisément que depuis l'invention de l'électro-acoustique : vous pouvez par exemple entendre un son pur en décrochant votre téléphone. Tous les sons produits par la voix humaine sont ce qu'on appelle des sons complexes. Si par exemple je chante un son tenu sur un *si* à la hauteur de 250 Hz, je provoquerai non seulement une oscillation sonore vibrant 250 fois par seconde, mais également des vibrations périodiques plus ou moins fortes sur tous les multiples de 250 jusqu'à peut-être 4 000 ou même 8 000 Hz. Ces multiples du son fondamental forment ce qu'on appelle les harmoniques du son (fig. X.2).

L'échelle sonore des harmoniques détermine ce qu'on appelle en France le *timbre* du son. J'avoue préférer la dénomination, plus fréquente en Amérique, de *spectre sonore*, parce que, pour les musiciens, le timbre est une qualité particulière des sons (nous en reparlerons) et aussi parce que l'idée de spectre évoque le spectre des couleurs. Pour les voix aussi on parle de couleurs, au moins en noir et blanc, puisqu'on dit de certaines voix qu'elles sont blanche, claire, sombre, noire.

La couleur d'un son ne dépend pas d'abord de sa hauteur mais de la manière dont nous répartissons l'énergie sur l'échelle des harmoniques. Si je représente chaque son comme une sorte de boule, cette boule peut être remplie seulement dans le bas par des harmoniques graves : dans ce cas, le son est entendu comme « sombre », « noir » — ou bien, au contraire, la boule est remplie essentiellement d'harmoniques aiguës et dans ce cas le son est entendu comme « clair ». Le même *si* à 250 Hz peut être entendu comme sombre ou clair (fig. X.3).

d) *Hauteur et couleur des sons harmoniques.*

Ceci nous introduit à une notion fondamentale dans le travail vocal : la différence entre la hauteur vocale et la couleur de la voix. Quand on monte dans l'aigu, les harmoniques sont de plus en plus aiguës, et le langage courant identifie pratiquement un son « clair » à un son « aigu », un son « sombre » à un son « grave ». Mais cette équivalence n'est pas inévitable. Je puis faire un *si* grave à 125 Hz qui sera entendu

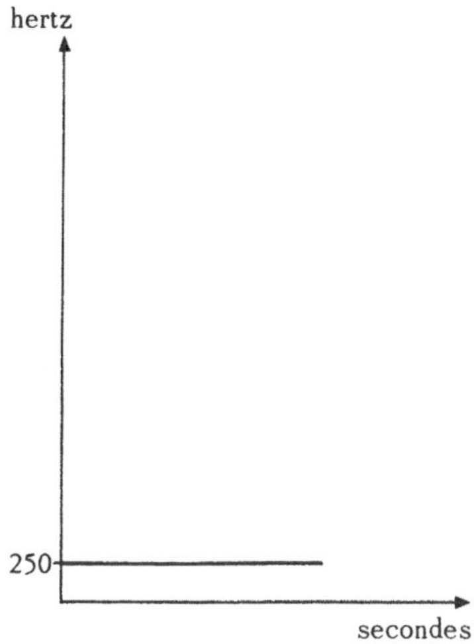

Figure X.1

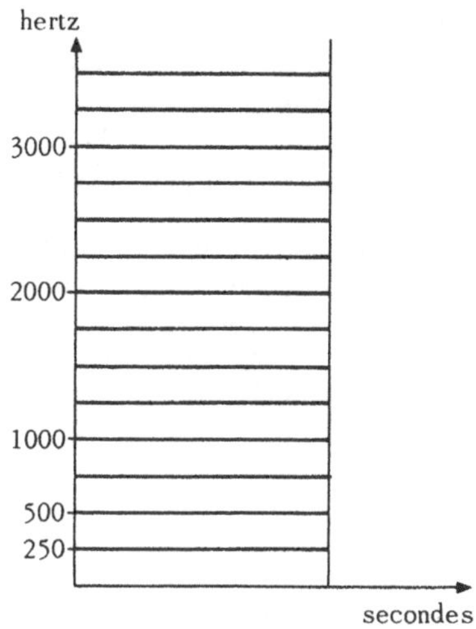

Figure X.2

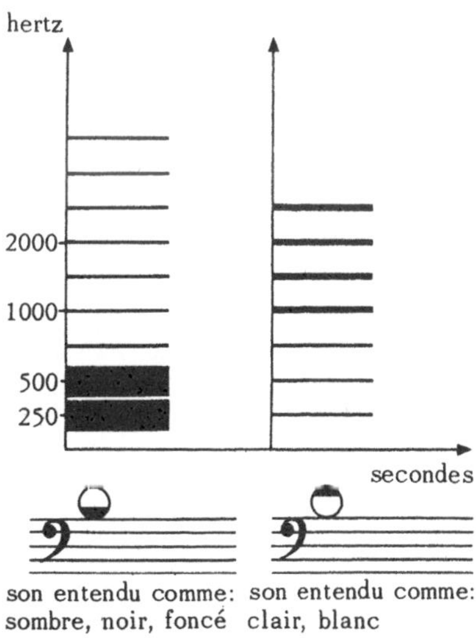

Figure X.3

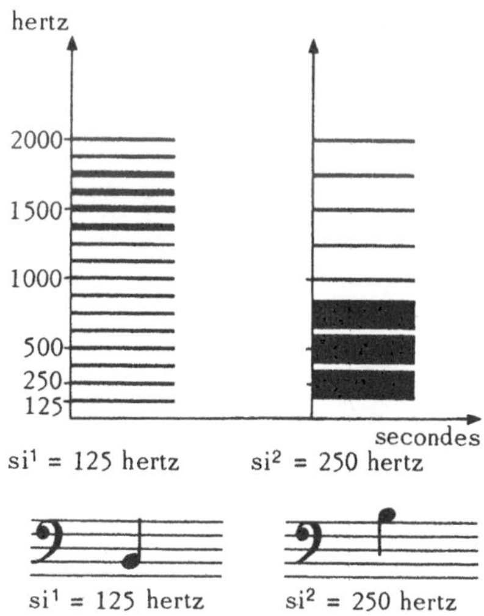

Figure X.4

comme clair, parce que nourri d'harmoniques aiguës, et un *si* une octave plus haut, à 250 Hz, qui sera entendu comme « sombre », « grave » (fig. X.4).

e) *Timbre et hauteur des bruits.*

Le spectre sonore ne se limite pas à la composition des harmoniques des sons. Par exemple, les bruits font partie du timbre; ils peuvent avoir une certaine hauteur; les */s/* et les */ch/* sont tous les deux des bruits blancs que nous ne distinguons que par la hauteur à laquelle ils sont situés (fig. X.5). De la même manière, dans la voix chuchotée nous émettons un bruit blanc que nous colorons à différentes hauteurs pour produire les voyelles.

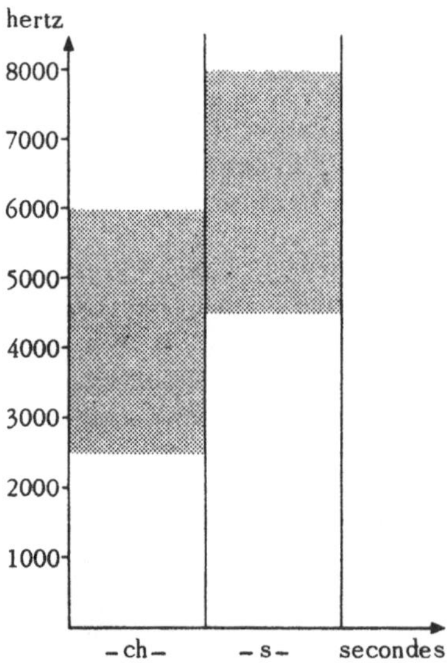

Figure X.5

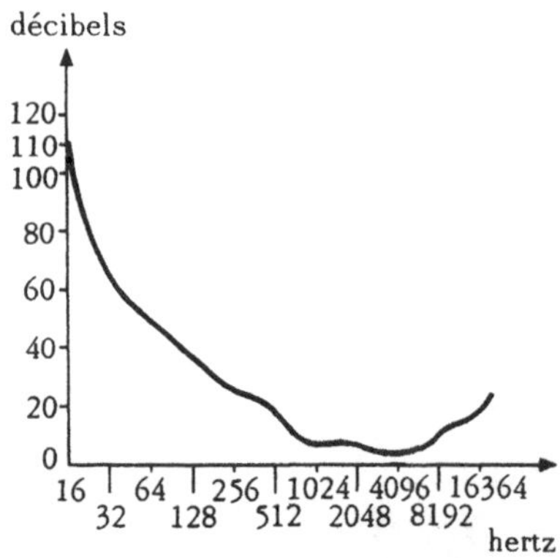

Figure X.6

f) *Puissance et portée de la voix.*

Logiquement, plus on fournit d'énergie musculaire, plus le son devrait être fort. Mais la voix ne marche pas comme notre logique pour plusieurs raisons, et en particulier parce que l'oreille humaine ne perçoit pas l'intensité des sons proportionnellement à l'intensité physico-acoustique émise. La relation entre l'intensité physique et l'intensité perçue par l'oreille est extrêmement complexe puisqu'elle varie avec la hauteur des sons et avec chaque individu. Grosso modo, on peut dire que la sensibilité de l'oreille ne cesse de croître de 16 à 2 000 Hz et de décroître de 4 500 à 16 000 (fig. X.6).

Il y a donc un seuil de sensibilité maximum de l'oreille entre 2 000 et 4 000 Hz. Les savants ont découvert ces propriétés de l'oreille depuis cinquante ans mais les musiciens les connaissent depuis longtemps puisque ce qu'ils appellent le *timbre* d'un instrument de musique ou de la voix (voix bien timbrée, qui a du timbre) n'est rien d'autre qu'un renforcement des harmoniques aiguës entre 2 000 et 4 000 Hz. Cette zone de renforcement fait la *portée* de la voix. Et ce qui va donner l'impression subjective de *puissance vocale* est une certaine relation entre cette zone de renforcement des harmoniques aiguës et un renforcement des harmoniques graves [1].

2. LA VOIX DANS LA DURÉE

Nous avons considéré jusqu'ici la voix comme un *objet sonore* que l'on pourrait définir par ses trois dimensions : la hauteur, l'intensité et le timbre. C'est une notion pratique mais abstraite. La voix n'est pas un objet quasi fixe, comme une pierre ou une maison, ni une réalité à évolution lente comme un arbre ou un corps d'homme, mais, comme le vent ou l'eau du torrent, une réalité essentiellement instable, fugitive, éphémère. Toujours en perpétuel changement, la voix n'existe que dans et par le mouvement, dans et par le temps; elle est fondamentalement une évolution sonore.

Tout ce que nous entendons est lié au temps, à la durée; tout ce que nous entendons est entendu non en soi-même, comme un objet isolé, mais par rapport à sa situation dans un certain flot. Le même son-objet est entendu différemment selon son début, ce qu'on appelle l'*attaque* du son. Deux sons exactement semblables sont entendus différemment selon le son qui les précède et le son qui les suit. En particulier, l'intensité et la couleur perçues dépendent de l'intensité et de la couleur du ou des sons précédents : on entend un son plus fort après des sons faibles, plus noir après des sons clairs. L'intensité et la couleur reçues varient également selon la durée du son : un son plus long est entendu comme plus grave et plus fort.

1. Cf. Winckel F., et Castellengo M. in *G.A.M.*, 1973, nº 67.

Ainsi, nous n'entendons jamais une suite de sons-objets, de voyelles et de consonnes, mais des mots et des phrases, et nous les entendons selon la relation qu'ils ont entre eux.

Et puis il y a le *rythme*, la manière dont s'écoule le flot vocal; et le rythme est au cœur même de la vie de la phrase, un des éléments fondamentaux du langage comme de la musique.

Les sons doivent varier, varier dans les hauteurs, dans les attaques, les intonations, varier dans les durées, durée des voyelles, des consonnes, durée des silences, varier dans les intensités, dans l'évolution des intensités, etc. Sans ces variations, la parole devient répétition mécanique, la voix n'est plus vivante mais morte.

Mais ces variations ne doivent pas être gratuites et comme plaquées de l'extérieur : elles doivent se faire par rapport à (et quelquefois contre) un certain ordre : ordre du langage dans lequel nous nous exprimons, ordre de ce que nous désirons exprimer, ordre de notre rythme vital personnel.

Travailler le rythme? Je le fais avec mes élèves, mais dans le cadre de ce petit livre, je n'ai pu que vous indiquer quelques pistes de travail : soyez convaincu, cependant, qu'il ne s'agit pas d'un « à côté » mais bien d'une des dimensions fondamentales de la voix.

3. LES REGISTRES

Quand j'ai à faire travailler un groupe de débutants je leur demande de faire monter leur voix de bas en haut, puis de redescendre dans le grave, pour juger comment la voix s'établit dans l'échelle des hauteurs. Dans 95 % des cas, il y a une rupture entre le bas et le haut, l'impression qu'il faut « changer de voix » pour pouvoir monter plus haut, et, après ce « passage », une fois que l'on est établi dans l'autre voix, une grande facilité pour monter encore beaucoup plus haut (cf. IV,11, et tableau p. 74, phase 1).

Cette expérience, que vous ferez à votre tour à l'intérieur de votre quatrième semaine de travail, montre que la voix humaine, chez les hommes comme chez les femmes, est composée de plusieurs *registres*, mot emprunté à l'orgue et qui dit bien l'impression ressentie d'avoir plusieurs voix, et au moins deux : l'une, dans le bas de l'échelle vocale, appelée registre grave (ou voix de poitrine), l'autre dans le haut de l'échelle sonore, appelée registre aigu ou voix de tête [1].

1. On parle aussi pour les hommes de « voix de fausset », dénomination péjorative introduite au XIXe siècle contre les chanteurs qui ne savaient pas monter en voix « de poitrine » jusqu'aux notes aiguës.

La composante sexuelle des registres est évidente, même si elle est fondamentalement culturelle. Il se passe en effet que les hommes ayant un larynx plus gros que les femmes et les enfants, leur voix est généralement plus grave. Du coup, une sorte d'assimilation s'est faite entre le registre aigu et la « féminité », et entre le registre grave et la « masculinité » : dès 7-8 ans, si vous demandez à des garçons de passer dans le registre aigu ils ont l'impression de passer en « voix de fille ». Notre univers mental est tendu entre deux pôles vocaux et sexuels : d'un côté, les sons « hauts » de la voix, les harmoniques aiguës du spectre vocal, le registre aigu, le pôle « féminin » des êtres. De l'autre, le grave des sons, le sombre du timbre vocal, le registre grave, le pôle masculin des êtres.

Dans le travail de la voix, nous apprenons à tisser ensemble les registres mais leur apport propre subsiste : la voix de tête donne les résonances aiguës à la voix, sa portée, sa légèreté : elle fait qu'elle vole. La voix de poitrine donne le corps, le poids, le grave qui est le lourd, et aussi le raide.

4. LE TISSU DE LA VOIX

Le problème des registres est au cœur de la voix humaine et de son développement. Tout se passe comme s'il y avait deux registres fondamentaux tout à fait étrangers l'un à l'autre, le grave et l'aigu, et comme si le développement de la voix exigeait que l'on apprenne à la fabriquer à partir de ces deux extrêmes (tableau p. 74).

Le travail de la voix s'apparente ici à une sorte de tissage. C'est comme si au début on avait deux fils tout à fait différents : le grave, cassant et raide, l'aigu, léger et faible. A partir de ces deux fils, nous tisserons le médium, registre original qui exclut la voix de poitrine pure et la voix de tête pure, mais se fabrique à partir de certains éléments des deux registres fondamentaux. Puis, nous tisserons le fil aigu, plus ou moins transformé, du haut en bas de la voix, et ensuite seulement le fil grave de bas en haut de façon à unifier la totalité vocale.

5. TESSITURE ET FATIGABILITÉ DE LA VOIX

La notion de tessiture vient du *bel canto*. Le mot italien *tessitura* est l'équivalent du français texture (d'un tissu), et on appelle tessiture d'un chanteur d'opéra le lieu de l'échelle musicale où sa voix a été bien « tissée », où elle est riche en fils solides et peut aisément passer du *piano* au *forte*. Or, cette zone maîtrisée n'est pas la même pour tous : il y a des chanteurs dont la tessiture est plus aiguë, d'autres dont la tessiture est plus grave.

Il en va de même dans la voix parlée. Chacun de nous a une zone préférentielle dans laquelle s'étend sa voix parlée. Nous parlons dans une tessiture plus ou moins grave, plus ou moins aiguë.

Ici, deux questions se posent. La plupart des gens parlent dans une tessiture extrêmement réduite : ils ne peuvent ni monter ni descendre et leur étendue vocale se limite à 2 ou 3 tons. Ils ont la voix monotone et il faudra étendre leur tessiture.

La question de la tessiture pose la question de la fatigabilité vocale. Pour ne pas fatiguer notre voix, il faut :

- que nous parlions dans une échelle vocale qui nous convienne,
- que nous parlions avec suffisamment de variations de hauteur pour que nous ne fatiguions pas toujours la même hauteur du tissu vocal,
- que nous sachions régler la hauteur de notre émission selon l'intensité que nous voulons obtenir.

6. INTENSITÉ VOCALE ET HAUTEUR DES SONS

L'intensité maximale que peut fournir une voix dépend beaucoup de la hauteur de l'émission. En règle générale, on peut dire que, à l'intérieur de chaque registre, l'intensité possible croît avec la hauteur. Si vous voulez parler dans l'extrême grave de votre voix, vous ne pourrez émettre que des sons faibles. En montant plus haut, votre voix se renforcera de plus en plus jusqu'au moment où elle « cassera ». Le début du registre aigu est plus faible, puis la voix se renforce de plus en plus jusqu'au cri.

Chez ceux dont le tissu vocal n'est pas fait, la voix se renforcera en montant jusqu'à ce qu'elle atteigne l'extrémité du registre de poitrine, c'est-à-dire vers *sol* ou *la* du médium. Ces voix se fatigueront beaucoup pour atteindre ces notes extrêmes de leur registre et leur intensité ne sera jamais bien grande.

Pour que la voix puisse être vraiment forte, il faut que soit tissé son médium de façon à ce qu'elle puisse monter, sans rupture vocale et sans fatigue extrême, jusqu'au sommet du registre de médium où se trouvera sa possibilité d'intensité maxima. Si vous écoutez un comédien bien entraîné comme Lawrence Olivier, vous entendrez qu'il change la tessiture moyenne de ses phrases selon l'intensité qu'il veut obtenir. Les sons pianissimo se situeront souvent dans le grave de la voix. Le mezzo forte est atteint entre *mi* et *la* du médium, le fortissimo vers le *fa* aigu.

Cette relation de la puissance vocale avec la hauteur joue un rôle capital dans l'émission vocale. On ne peut obtenir une voix forte en « poussant » sur la voix de poitrine. On peut seulement s'y enrouer. La voix ne peut devenir forte que si le médium est suffisamment bien fait pour que l'on puisse s'établir sans effort dans une tessiture relativement élevée, tessiture particulière dépendant évidemment de la tessiture personnelle de chacun.

Par exemple, dans mon cas personnel, ma voix de conversation courante se situe essentiellement entre *mi*^{1} et *mi*^{2} (fig. 7). Si j'ai à parler dans une grande salle, je serai entre *si* ^{1} et *si* ^{2}. Les sons « très forts » (vers 110 dB) seront atteints entre *do*^{3} et *fa*^{3} mais je ne puis m'y tenir longtemps sans fatigue. Si je dois parler longtemps à mon maximum de force, je m'installerai entre *fa*^{2} et *do*^{3} avec des pointes (les accents) entre *do*^{3} et *fa*^{3}. Dans les cris très forts, je pourrai me situer ou bien dans ce qui est la tessiture aiguë de ma voix chantée (*do*^{3} *fa*^{3}) ou bien dans le vrai cri qui se situe dans l'aigu de mon registre aigu (entre le contre-*ut* et le contre-*fa* ♯). Si je cherche à parler fort sur mes notes les plus graves (*mi*^{1} — *sol*^{1}) ma voix apparaît étroite et claire. On n'entendra ma voix comme voix de basse dans un mezzo forte que si je m'établis au moins sur *la*^{1} — *mi*^{2}.

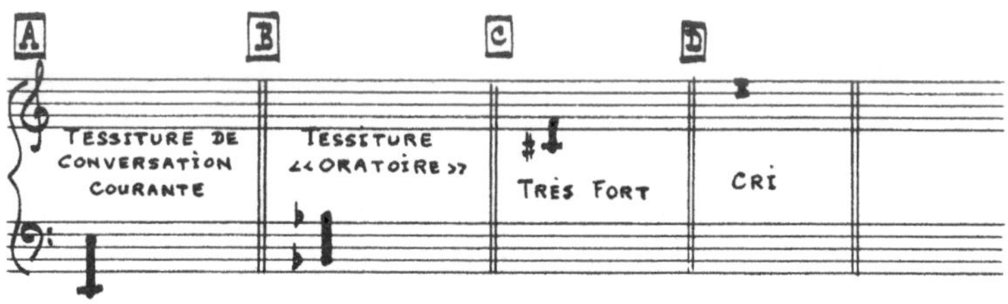

7. LA PERSONNALITÉ VOCALE

Il y a des voix entravées dans leurs impossibilités techniques : des voix dont la tessiture est de deux ou trois notes, dont l'intensité se situe toujours autour du « faible » et dont le timbre est pauvre. Par le travail technique, elles vont acquérir plus de *liberté* vocale, mais aussi une plus grande qualité.

Y a-t-il quelque chose d'objectif dans la notion de qualité vocale? Je pense que oui, mais ce n'est pas facile à cerner. Il y a d'abord ce que j'appellerai l'harmonie d'une voix, une sorte d'équilibre pas trop stable entre les différentes parties de la voix, l'aigu et le grave, les composantes du timbre, harmonie qui demande une certaine homogénéisation de la voix, une sorte d'unification.

Mais ce qui fait l'essence de la qualité vocale échappe à toute objectivation dans la mesure même où il s'agit de relation. Pour dire les choses un peu trop simplement, il me semble que la qualité d'une voix tient à la relation qu'elle établit entre la personne qui parle (ce qu'elle a dans le ventre, dans le corps, dans le désir et dans l'âme), ce qui est dit par le texte (ses mots, ses phrases), et ce qui est dit par la voix. A la limite, on pourrait dire que la qualité de la voix tient à l'émergence de l'âme dans les mots.

B. La matière de la voix : le corps

La voix est un son qui sort d'une bouche pour être (éventuellement) reçu dans une oreille. Mais se limiter à cet aspect sonore nous mènerait rapidement à une impasse. La voix est d'abord action corporelle et ceci à trois niveaux : quand nous parlons à quelqu'un, notre voix est provoquée par un acte du corps, elle met en vibration notre corps et l'air environnant, ces vibrations sont reçues par le corps d'un autre. C'est sous cet aspect corporel qu'il nous faut maintenant examiner le phénomène vocal.

1. LE CORPS COMME INSTRUMENT A PRODUIRE DES SONS

Quand nous parlons, notre corps produit des sons : il fonctionne comme une sorte d'instrument de musique extrêmement perfectionné [1].

Tout instrument de musique comporte trois éléments : un fournisseur primaire d'énergie; un générateur qui fabrique le son, transformant l'énergie reçue en énergie sonore; un ou des résonateurs qui transforment le son du générateur. Par exemple, quand on joue

1. Pour plus de détails, vous pouvez vous reporter à mon article sur « La mécanique vocale », *la Recherche*, n° 48, sept. 1974.

de la guitare, le doigt transmet à la corde une certaine énergie mécanique, celle-ci la transforme en énergie sonore et le son ainsi émis est amplifié, changé, par la caisse de la guitare agissant comme résonateur.

La mécanique vocale, qui est un instrument à vent, est aussi formée de trois parties :

- *un soufflet :* l'appareil respiratoire, qui fournit l'énergie nécessaire au son sous forme de courant aérien;
- *un générateur sonore :* les cordes vocales ou, pour les consonnes, la langue, les lèvres, les dents,... qui transforme cette énergie aérienne en énergie sonore;
- des *résonateurs :* pharynx, bouche..., qui amplifient le son.

2. LE SOUFFLE ET LA VOIX

Le souffle est totalement inséparable de la voix, et je croirais volontiers que si le souffle a une telle importance dans la vie humaine et dans la manière dont l'homme symboliquement se vit, c'est justement parce qu'il est porteur de la voix.

Tout dans la voix dépend du souffle, de la manière dont nous inspirons et de la manière dont nous débitons le souffle. Il ne s'agit pas d'entraîner n'importe quel comportement respiratoire, mais bien de régler, chacun à sa manière, un type de comportement respiratoire adapté à la voix. Je me contenterai de vous donner ici les notions absolument indispensables à votre travail vocal [1].

a) *Le mécanisme respiratoire* est assez difficile à comprendre parce qu'il met en jeu des éléments complexes.

Au centre, *les poumons*, situés dans la cage thoracique. Ce sont des sortes d'éponges qui aspirent l'air lorsqu'elles s'ouvrent et le rejettent quand on les presse. Le volume des poumons et leur capacité à s'agrandir ou à se refermer dépendent des parties qui les entourent : la cage thoracique et le diaphragme.

La cage thoracique est faite de douze des vertèbres de la colonne vertébrale auxquelles sont fixées douze côtes : les dix premières se rattachent par-devant à un os relativement plat : le sternum; les deux dernières sont flottantes.

1. Pour plus de détails, je vous renvoie à mon article « Respiration » paru dans *les Cahiers du Centre de recherches musicales de Wallonie*, Liège, 1975.

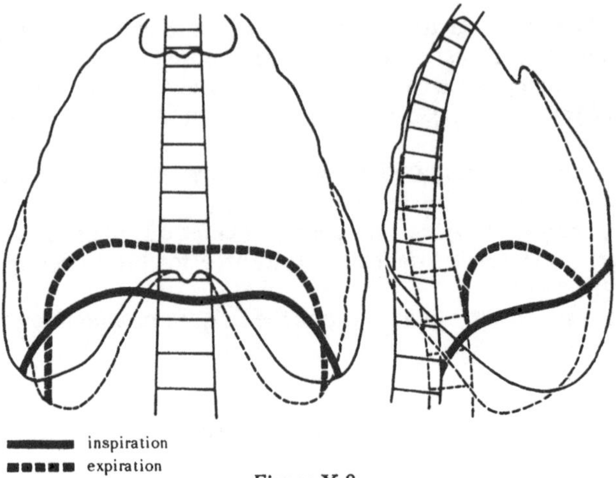

Figure X.8

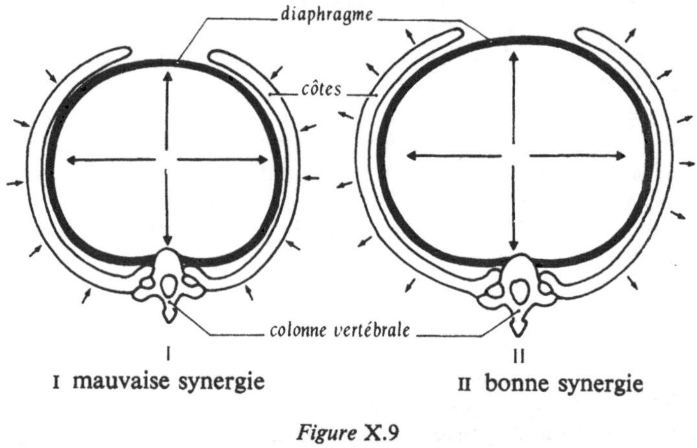

Figure X.9

Le thorax se comporte comme une sorte de boîte à articulations multiples. Il peut s'ouvrir ou se fermer, particulièrement dans sa partie basse grâce à la possibilité de mouvement des côtes 6 à 10 fixées sur une arête commune et formant une sorte de V à l'envers de part et d'autre de l'appendice xiphoïde (fig. X.8).

Le diaphragme est un grand muscle plat qui coupe entièrement le corps en deux parties. C'est, avec le cœur, le muscle le plus important de la vie humaine. Il a la forme d'une sorte de coupole double. A la fin de l'expiration, la coupole est en position haute. Le diaphragme est alors susceptible de deux mouvements : il peut descendre (à condition que la masse viscérale sur laquelle il est posé descende, ce qui suppose que les muscles abdominaux se détendent); il peut ensuite s'ouvrir et s'étaler (à condition que les côtes lui permettent de le faire).

Cette expansion du diaphragme peut se faire latéralement par écartement des côtes, mais elle doit aussi se faire dans le sens antéro-postérieur. Une coupe sagittale du diaphragme montre qu'il est accroché beaucoup plus bas dans le dos que par-devant, si bien que son bord postérieur se trouve fixé non plus sur la cage thoracique proprement dite, mais sur les côtes flottantes, les vertèbres lombaires et le haut du sacrum : c'est dire que son insertion postérieure correspond au « creux du dos » ou « des reins » (dont il est d'ailleurs en partie responsable). Comme vous pouvez le voir figure II.4, le diaphragme peut donc être agrandi non seulement par ouverture des côtes, mais par redressement vers l'arrière du creux des reins.

b) *L'efficacité respiratoire vocale.*

On appelle synergie musculaire l'action conjuguée de plusieurs muscles ou systèmes de muscles. Si notre voix ne nous satisfait pas, si elle n'a pas le rendement que nous attendons d'elle, c'est d'abord une question de mauvaise coordination de nos synergies musculaires.

Prenons un exemple dans le fonctionnement respiratoire vocal. Pour que le son puisse être soutenu et relativement fort, il faut que, pendant l'expiration sonore, le diaphragme agisse, c'est-à-dire pousse de haut en bas et du centre vers l'extérieur, ce qui va pousser le ventre et les côtes vers l'extérieur (fig. IX.1). Mais quand nous cherchons à donner beaucoup de souffle, nous avons l'habitude de serrer vers l'intérieur l'abdomen et les côtes (fig. X.9. I). Mauvaise synergie, les côtes et le diaphragme travaillent en sens inverse. Il y a donc beaucoup d'énergie dépensée pour un résultat médiocre : le diaphragme, contrecarré par les côtes, est incapable de soutenir au niveau de la glotte la pression nécessaire au son; les cordes se serrent et le son émis est finalement maigre et sans force malgré un effort démesuré.

Notre organisme vocal dépend ainsi d'un certain nombre de synergies. Certaines sont, fonctionnellement, mauvaises et contrecarrent l'action vocale : il faudra les délier peu à peu,ou plutôt que votre corps s'en déshabitue. D'autres favorisent l'action vocale et multiplient son rendement : la voix peut être beaucoup plus forte avec une dépense d'énergie bien moindre.

c) Autre exemple, *la respiration thoracique forcée*, qui est le type même du mouvement respiratoire « mauvais ».

Dans mon enfance, les professeurs de gymnastique, en France, faisaient inspirer en soulevant les bras, les épaules et le thorax et souffler en fermant les bras et les côtes avec vigueur. Je sais que ce mouvement respiratoire est encore enseigné aux petits enfants par leurs instituteurs, bien que tous les spécialistes, depuis au moins trente ans, le dénoncent comme étant néfaste pour la santé et l'équilibre général.

- A l'inspiration (fig. X.10), il y a un gros effort — tension musculaire du cou, des épaules, de l'ensemble de la ceinture scapulaire et des muscles thoraciques — et cette inspiration est inefficace parce qu'elle est liée à un creusement de l'abdomen qui empêche le diaphragme de s'abaisser normalement; l'air ne rentre que dans la moitié supérieure des poumons.
- A l'expiration, la tension musculaire se relâche totalement, le thorax s'effondre brutalement, il n'y a aucune retenue du souffle.

Ce type respiratoire est donc mauvais parce que peu efficace : gros effort, peu d'air pris, mauvais soutien vocal. La respiration y joue au plus mal son double rôle d'oxygénation et de soutien de la voix. Plusieurs phoniatres (Tarneaud, Cornut) ont réussi à guérir des nodules des cordes vocales rien qu'en corrigeant ce type respiratoire.

Il est d'autant plus difficile de s'en débarrasser qu'il est lié à un réflexe psychologique : la peur de manquer d'air. Quand on a à parler fort, à chanter, on sent qu'on a besoin d'air. La peur d'en manquer crée la crispation inspiratoire, le forcing pour tirer sur les côtes, suivi du laisser-aller expiratoire brutal. Mais on prend peu d'air et il s'échappe vite — on va donc en manquer — la peur crée la peur. On s'efforce de plus en plus et, plus on s'efforce, plus on manque d'air. On est dans le cercle vicieux de l'effort respiratoire.

Cette synergie néfaste doit être rompue par un entraînement ordonné (chap. IX, A).

3. L'APPAREIL PHONATOIRE

A la sortie des deux sacs pulmonaires, le flux de l'air est chassé dans les conduits des bronches puis se trouve finalement rassemblé dans un tube unique, la trachée-artère. Il traverse ensuite le larynx, sorte d'excroissance qui termine la trachée, puis se jette dans l'arrière-

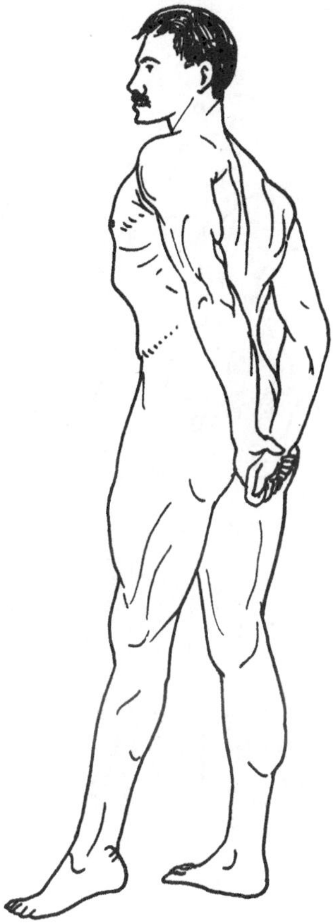

Figure X.10

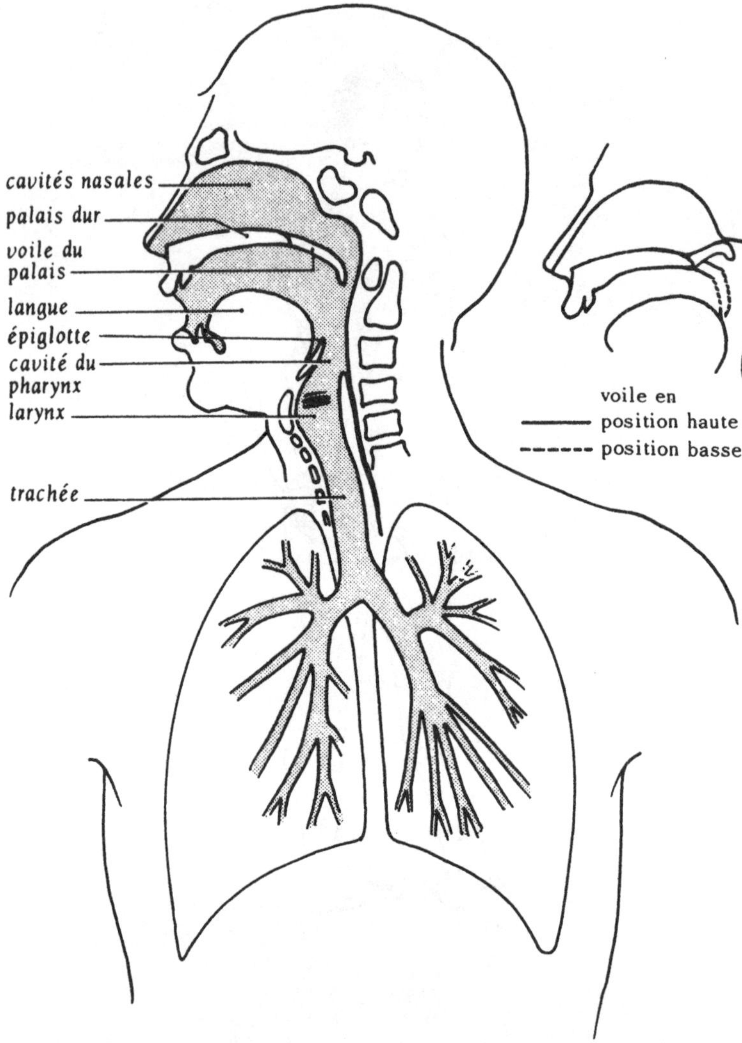
cavités nasales
palais dur
voile du
palais
langue
épiglotte
cavité du
pharynx
larynx
trachée
voile en
position haute
position basse

Figure X.11

gorge, appelée pharynx. De là, il peut emprunter deux chemins et sortir soit par la bouche, soit par le nez, soit par les deux ensemble : la bifurcation dépend de la position du voile du palais qui peut descendre jusqu'à se coller contre le dos de la langue ou, au contraire, remonter et obstruer complètement le passage de l'air vers les fosses nasales (fig. X.11).

Dans cette course qui chasse l'air vers l'extérieur, tout obstacle est susceptible de produire des sons, aussi bien des sons harmoniques purs que des bruits.

Les sons harmoniques purs sont issus d'une sorte de spécialisation que l'espèce humaine a faite des possibilités du larynx. En effet, l'ensemble de la trachée et du larynx est tapissé d'une muqueuse qui, à l'intérieur du larynx, forme deux sortes de sphincters qui peuvent fermer l'ouverture du larynx (ou glotte) et protéger ainsi la trachée et les voies respiratoires des particules alimentaires qui risqueraient d'y pénétrer. Les deux sphincters glottiques sont appelés « cordes vocales » et « fausses cordes »; ce ne sont nullement des cordes mais des muscles tapissés de muqueuse (fig. X.12).

Tout le long de la trachée et du larynx, nous avons la possibilité de resserrer plus ou moins cette muqueuse pour en chasser les poussières qui auraient pu y pénétrer ainsi que les mucosités encombrantes. C'est le phénomène de la toux. Beaucoup de mammifères,

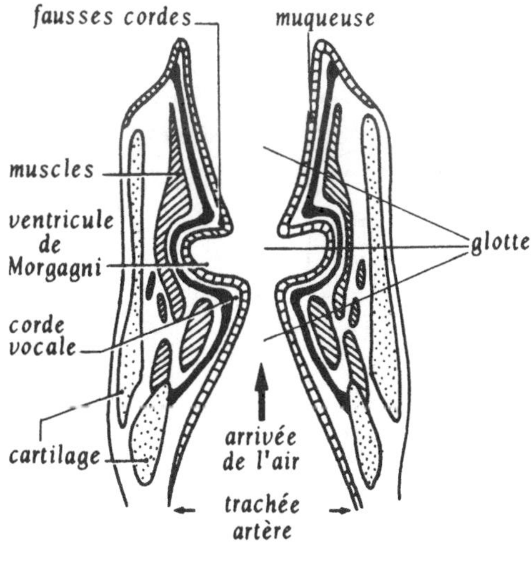

Figure X.12

dont les grands anthropoïdes, ont le pouvoir de resserrer l'ensemble des muscles du larynx, ou seulement les deux sphincters de la glotte. L'homme seul est capable, par instinct, dès la naissance, de resserrer uniquement les cordes vocales et de produire ainsi des ondes sonores régulièrement entretenues, des sons harmoniques purs. Les sons sont à l'origine du chant, de la musique, mais aussi des voyelles.

Examinons de plus près le *larynx*. C'est une sorte de boîte formée par un gros anneau, le cartilage cricoïde, sur lequel est posée une sorte de bouclier en forme de proue, le cartilage thyroïde. Sur la partie postérieure de l'anneau, deux petits cartilages en forme de pyramides, les aryténoïdes. Les cordes vocales sont formées par deux muscles tendus entre les aryténoïdes et le pli intérieur du cartilage thyroïde. Dans la respiration, les muscles vocaux ont une forme de triangle ouvert : les cordes vocales sont trop éloignées pour vibrer (X. 13). Mais les aryténoïdes peuvent pivoter sur eux-mêmes et sur leur base, permettant ainsi aux muscles vocaux de s'accoler. Dans cette position, le souffle va faire entrer en vibration les cordes, provoquant des sons périodiques réguliers, riches en harmoniques de tout rang. Par entraînement, l'homme arrivera à régler de façon extrêmement précise le nombre de vibrations par seconde des cordes et à émettre ainsi des sons d'une hauteur musicale précise. Cette hauteur des sons dépend de la tension des cordes et de leur masse, d'une part, du débit et de la pression du souffle d'autre part.

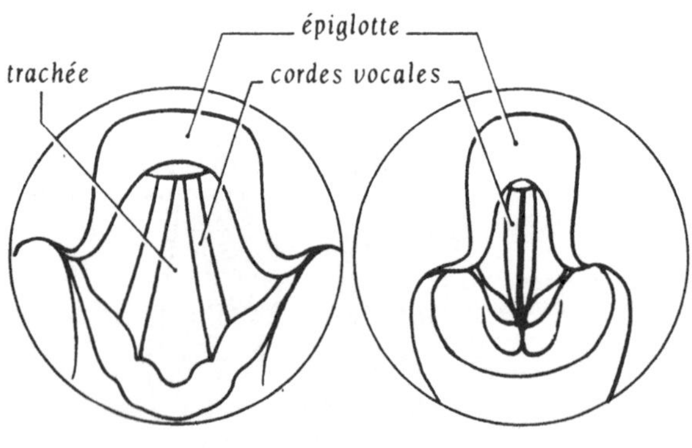

A. Respiration normale B. Expiration sonore

Figure X.13

Mais la poussée du flot aérien vers l'extérieur ne produit pas que des sons harmoniques. Tout resserrement du tube respiratoire entre la trachée et les lèvres peut produire des *bruits purs* (par exemple, la toux, les raclements de gorge, la voix chuchotée, les ronflements, les consonnes *s*, *ch*, *p*, *f*, *t*, *k*). L'homme peut également émettre des bruits mêlés de vibrations laryngées dans les consonnes dites sonores. Les rires et les pleurs sont des sons harmoniques mélangés de bruits. Les voyelles sont essentiellement des sons harmoniques, mais elles sont souvent mélangées de quelques bruits de frottement.

Ces pouvoirs sonores de l'espèce humaine ont permis à l'homme d'inventer le langage et sa double articulation.

4. L'EFFICACITÉ SONORE DE LA VIBRATION PREMIÈRE

La voix dépend d'une double synergie musculaire : la première, entre le souffle et le larynx, règle la vibration primitive; la deuxième, entre les cordes et les résonateurs, règle le son définitif et la répartition de ses harmoniques.

a) La qualité de la vibration demande d'abord que soit réglée la fermeture des cordes (sans frottement des fausses cordes) pendant l'émission sonore. Si les cordes sont trop éloignées on entend surtout un bruit d'air, voisin du chuchotement. Si les cordes sont rapprochées, écrasées l'une contre l'autre, la vibration sera irrégulière et la voix rauque.

b) Ensuite doit être réglé le rythme oscillatoire des cordes, la relation entre leur durée de fermeture et leur durée d'ouverture. Plus la durée de fermeture est longue par rapport à la durée d'ouverture, plus le son sera riche en harmoniques. Or, ce rythme oscillatoire dépend de la relation entre le flot aérien du souffle et les cordes vocales. « De deux sons ayant la même intensité et la même hauteur, celui qui aura la plus faible pression aérienne sera celui qui aura le timbre le plus riche [1] ». Ceci explique pourquoi, très souvent, la recherche de l'intensité vocale aboutit à un échec : on donne instinctivement plus de pression de souffle et on n'aboutit qu'à appauvrir la voix.

Le réglage de la fermeture glottique et de la qualité vibratoire des cordes se fera essentiellement dans des sons tenus de type chant.

1. L. J. Rondeleux, in *la Recherche*, op. cit.

5. RÉSONANCES ET VIBRATIONS

Après avoir mis en branle nos cordes vocales, le flux d'air s'écoule tranquillement par la bouche ou par le nez. Pour ce qui est du son, c'est une autre affaire. Avant de s'épandre au-dehors il est transformé par les résonateurs du corps.

Qu'est-ce qu'un résonateur? Si je prends la corde de *mi* grave de ma guitare et si je la tends sur un cadre de bois ou de fer jusqu'à ce qu'elle sonne le *mi*, le son qu'elle me donne alors est bien un *mi* par sa hauteur, mais il est maigre, étroit, faible, un peu blanc, un peu « casserole », sans rapport avec le beau *mi* à vide que la même corde avec la même tension fait sonner sur ma guitare. D'où vient la différence? Le son originel de la corde est le son maigrelet que j'entendais d'abord, mais sur ma guitare il est transformé par la caisse de la guitare. Le corps de ma guitare est un résonateur : il augmente l'intensité du son primitif et change sa couleur en imposant plus ou moins ses fréquences propres.

Le résonateur le plus simple est ce qu'on appelle le résonateur de Helmholtz, du nom du savant allemand qui en a le premier trouvé les principes de fonctionnement. Il se compose d'une boule d'un volume V_1 ayant une bouche d'un volume V_2, laquelle bouche a une section de surface S (fig. X.4 a). La fréquence propre du résonateur est donnée par la formule

$$f = (\text{vitesse du son}) \times \frac{S}{2\pi\sqrt{V_1 \times V_2}}$$

Autrement dit, la forme du résonateur importe peu (par exemple, ce peut être une bouteille). Par contre, le volume est capital : plus il augmente, plus la résonance est grave. La surface de l'embouchure joue un rôle inverse : plus la surface est grande, plus les fréquences propres sont aiguës. Le résonateur impose plus ou moins sa fréquence propre au son primitif (cf. fig. X.14).

Dans le corps humain, le son fourni par le larynx est développé par une série de résonateurs; en particulier le pharynx et la bouche peuvent fonctionner comme deux résonateurs couplés, responsables en partie des différences entre les voyelles. La descente du voile du palais, en laissant l'air passer plus ou moins dans les fosses nasales, détermine une sorte de fuite résonantielle qui caractérise les consonnes et voyelles nasales. Des travaux très remarquables du savant suédois

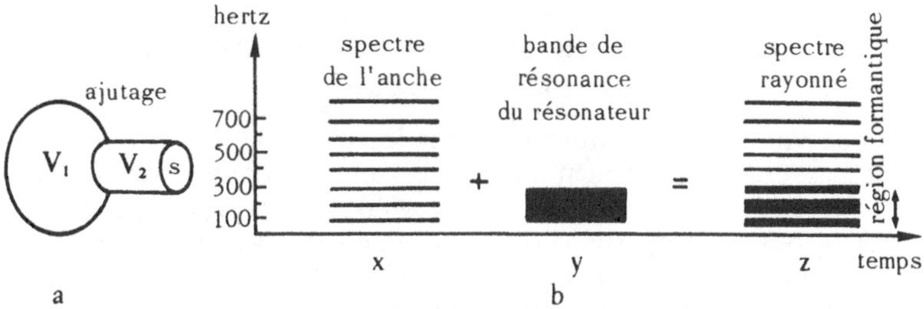

Figure X.14

J. Sundberg ont récemment démontré que la petite cavité appelée « ventricule de Morgagni » qui sépare les cordes vocales des fausses cordes ou bandes ventriculaires pouvait développer considérablement les harmoniques aiguës des sons. D'autre part, selon la loi des résonateurs, plus le volume du pharynx est large, plus le son est riche en harmoniques graves. Nous avons vu que la qualité et la puissance de la voix dépendaient des harmoniques très aiguës et des harmoniques graves des sons; or, ces harmoniques peuvent être obtenues par l'agrandissement du pharynx et les ventricules de Morgagni. Ainsi, l'essentiel de la voix se joue, avant la différenciation vocalique, au niveau du fond de la gorge, dans ce qu'on appelle « l'ouverture de la gorge ». C'est ce qu'avaient bien senti les Italiens du bel canto quand ils affirmaient que, dans le chant, le fond de la gorge doit être « comme un grand trou avec rien dedans ». Ceci est également vrai de la voix parlée [1].

Y a-t-il d'autres résonateurs qui entrent en jeu dans la voix? Il est possible que la partie de la trachée située juste avant les cordes vocales joue un certain rôle, mais en dehors de ces différentes parties du conduit vocal il est probable qu'il n'y a plus de résonateurs au sens strict. Et pourtant, quand on parle, l'ensemble du corps résonne.

Ceci demande une brève explication. Les résonateurs au sens strict sont des cavités nécessairement ouvertes qui développent le son et particulièrement certaines de ses harmoniques. Mais une fois le son fabriqué, il peut faire entrer en vibration tout corps qui comporte des résonances semblables à la sienne : par exemple, en parlant fort, je puis faire vibrer les vitres de ma chambre, sans que cette vibration extérieure joue comme résonateur propre de ma voix. Il en va de même pour notre corps. Le son de notre voix est créé par les résonateurs propres du conduit vocal, mais ensuite il met en vibration l'ensemble du corps de la tête aux pieds.

1. Cf. par exemple Grotowski, *Vers un théâtre pauvre*, Éd. de l'Arche.

6. LE RETOUR DU SON SUR L'OREILLE LES SALLES

Si ma voix n'est pas influencée par le verre que je fais vibrer, elle subit par contre fortement l'influence du lieu dans lequel je parle ou chante. Certains lieux sont très néfastes à la voix : soit parce qu'ils résonnent trop (ils ont une grande réverbération), soit parce qu'ils sont trop secs, mats : on ne s'y entend pas. D'autres, au contraire, sont merveilleusement propices à la voix.

Le phénomène est dû à la liaison extrêmement étroite qui existe entre l'oreille et la voix. Nous réglons notre voix par ce que nous entendons d'elle, par ce que la salle nous en renvoie. Or, comme l'a bien montré le docteur Tomatis, la perception auditive joue un rôle fondamental dans l'émission vocale : les déficiences de l'oreille se répercutent sur la voix, et la voix peut être très fortement influencée par le spectre sonore qui est renvoyé aux oreilles que ce soit par un système électro-acoustique précis ou par la salle dans laquelle nous parlons [1].

7. LA VOIX VÉCUE SENSATIONS CORPORELLES-VOCALES

L'oreille externe n'est pas notre seul moyen de contrôle vocal. L'acte vocal déclenche, à l'intérieur de notre corps, toute une série de phénomènes musculaires ou vibratoires. Ces phénomènes sont très faibles et non ressentis par les gens dont la voix n'est pas réellement incarnée, tous ceux qui n'ont pas pris en charge leur voix dans leur corps. Mais tous peuvent parvenir à cette conscience vécue sous forme de sensations, et le développement de certaines sensations corporelles va ainsi devenir une sorte de guide dans la croissance de la voix.

Nous pouvons sentir *l'activité des muscles* mis en jeu dans l'acte respiratoire. Par exemple (dans l'expiration), la tenue du souffle, ce que les chanteurs appellent l'appui du souffle et qui n'est rien d'autre que l'action du diaphragme, peut être fortement sentie comme une poussée tout autour du corps vers l'extérieur.

Nous pouvons également sentir la plupart des muscles qui entrent en jeu dans l'acte phonatoire : muscles du cou qui font descendre ou monter le larynx, muscles qui tapissent le pharynx, qui remontent le voile du palais, langue, lèvres, joues. La sensation recherchée sera ici la sensation vague assez particulière de la détente musculaire.

1. Cf. A. Tomatis, *op. cit.*, et P. Guberina, « La Méthode audio-visuelle structuroglobale », in Rev. Phon. Appl., mars 1965, 1.

Nous sentons très nettement le décollement des fausses cordes et des vraies cordes dans ce qu'on appelle le coup de glotte. Nous sentons le résultat vibratoire de l'activité vibrante des cordes : quand vous dites */ba/*, vous sentez très nettement la vibration du larynx. Mais les cordes vocales elles-mêmes ne sont senties (en leurs points d'attache) que quand elles ont à signaler quelque chose qui ne va pas, comme le couac qui se produit quand la voix « casse » entre les registres.

Les sensations vibratoires peuvent être extrêmement fortes. Elles jouent un rôle considérable dans le contrôle de notre propre voix car notre corps ne vibre pas de la même manière selon les sons qu'il émet.

Vous savez que nous avons, au-dessus et à côté des fosses nasales, des petites cavités osseuses tapissées de muqueuses que nous appelons sinus (fig. X.15). Il est possible que ces cavités ne jouent guère de rôle comme résonateurs amplifiant le son primitif des cordes vocales. Mais, comme elles sont de très petit volume, elles ont une fréquence propre très aiguë. Quand nos sons sont riches en harmoniques aiguës entre 2 000 et 4 000 Hz, ils font vibrer très fortement les sinus. Ainsi, le fait que la voix est bien timbrée se trouve explicité corporellement par cette sensation vibratoire dans les yeux, entre les yeux, et sous les yeux, c'est-à-dire à peu près dans la région de la face où l'on portait autrefois le demi-masque appelé loup. D'où le nom de « voix dans le masque ».

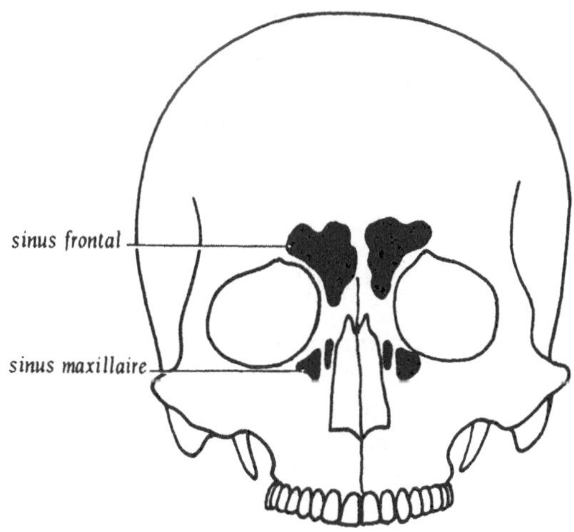

Figure X.15

Le registre aigu de la voix fait vibrer très nettement la calotte crânienne, d'où son nom de « voix de tête », tandis que les sons graves et les harmoniques graves des sons font entrer en vibration le tube trachéal et le haut de la poitrine : d'où le nom de voix de poitrine donné au registre grave des voix.

Une bonne partie de la symbolique des sons trouve son origine dans ces sensations corporelles vocales. Par exemple, le fait que les sons à vibrations rapides sont sentis comme « hauts » vient de ce qu'ils font vibrer particulièrement la tête tandis que les sons à vibrations lentes sont sentis comme « bas » parce qu'ils font vibrer une région plus basse du corps.

Les vibrations nous donnent également des sensations de formes. Les résonances aiguës font vibrer une zone étroite du corps; particulièrement le */i/* qui a beaucoup d'harmoniques aiguës fait vibrer les cavités nasales et les sinus entre les yeux; il est senti comme plus pointu, plus aigu que le */ou/* qui a un maximum d'harmoniques graves. Le */i/* est émis avec un pharynx serré, étroit, tandis que le */o/* comporte une grande ouverture pharyngée. D'où la sensation « étroite » du */i/* et « large », « ronde » du */o/*. Il est possible que la forme même des lettres */i/* et */o/* s'origine dans ces sensations.

8. RELATION A L'ESPACE DIRECTIVITÉ VOCALE

Le son émis par le larynx et les résonateurs du conduit vocal fait vibrer tout notre corps, puis déclenche des ondes vibratoires dans l'air environnant. Mais la directivité de notre conduit vocal fait que les sons sont « envoyés » avec plus d'énergie dans une zone située devant nous (fig. X.16).

9. LA VOIX REÇUE

Quand nous écoutons quelqu'un, nous l'entendons essentiellement par l'oreille. Mais il ne faudrait pas croire que les sons ne frappent que l'oreille. L'oreille n'est qu'un repli de la peau spécialisé dans la réception des sons. En réalité, c'est tout notre corps qui vibre. Le son de la voix de l'autre qui me parle fait vibrer mon corps comme il a fait vibrer le sien. Il y a une certaine déperdition énergétique, mais la vibration est semblable : le son qui fait vibrer sa tête fait vibrer la mienne, le son qui s'enracine dans son ventre va frapper le mien, si

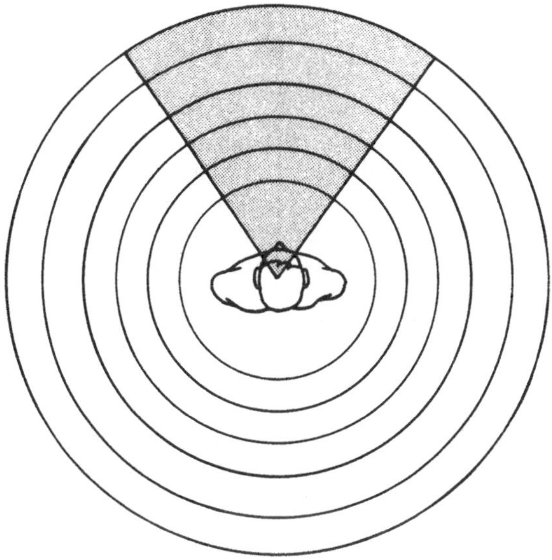

Figure X.16

le son est trop feutré et assourdi pour faire vibrer son corps, mon propre corps lui restera sourd.

Ainsi, la voix n'est pas seulement un son envoyé par une bouche et reçu par une oreille. Par l'intermédiaire de la voix, la parole devient une sorte de corps à corps. La voix agit par sympathie *(sun-pathos)* vibratoire : elle est la vibration ensemble et semblable de deux corps.

C. La voix dans l'espace du langage

Vous ne travaillez pas la voix « en général », mais la voix comme support d'un certain langage : le français. Et vous devez avoir bien conscience qu'une prononciation exacte et précise de la langue est pour 50 % dans le fait que vous êtes réellement *entendu* et compris. C'est pourquoi nous travaillons la prononciation (chap. IX) et il n'est pas inutile que je vous explique brièvement comment est faite (au point de vue sonore) la langue française.

1. LES VOYELLES

a) *Définition acoustique.*

Voyelle vient de voix (ou plus précisément de vocalis), et les voyelles sont en effet l'élément le plus *vocal* de la parole : elles sont les principaux sons harmoniques du langage, elles sont responsables du timbre propre de votre voix, de sa couleur, de ses intonations et de sa portée : la voix *porte* au loin parce qu'elle est *portée* sur les rails sonores des harmoniques des sons-voyelles.

Ce qui fait la différence des voyelles entre elles, c'est que nous avons le pouvoir d'envoyer plus ou moins d'énergie sonore sur certaines harmoniques, le pouvoir de renforcer certaines zones du spectre vocal appelées *formants*.

Les spécialistes s'interrogent pour savoir combien il faut de formants pour définir une voyelle. Il est d'autant plus compliqué de répondre à cette question que les formants ne sont pas des absolus mais des structures générales susceptibles de variations. Dans le langage, tout est relation. Relation des sons entre eux : le /a/ de *balle* doit être distinct du son plus grave de *Bâle* et du son plus « ouvert » de *belle*; Bâle ≠ balle ≠ belle. Relation avec celui à qui je parle qui doit « entendre » et comprendre nettement les sons que j'emploie. C'est à l'intérieur de cette claire compréhension par l'autre que se situe la « fourchette » de ma liberté vocalique. Peu importe que mon /a/ soit

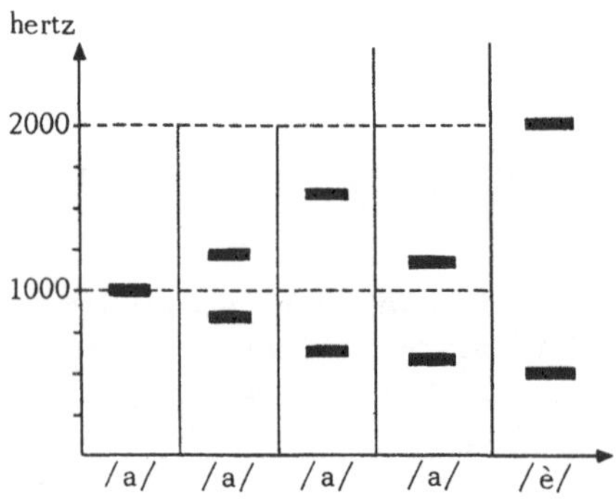

Figure X.17

fait avec un formant à 1 000 Hz, ou deux formants à 800 Hz et 1 300 (fig. X.17), ou même avec deux formants à 650 et 1 650, (ce qui en fait un /a/ très clair, proche de l'anglais /had/), pourvu qu'il soit clairement compris par mon interlocuteur comme un /a/.

Le plus généralement, on caractérise l'ensemble des voyelles par leurs deux premiers formants. On s'aperçoit alors que toutes les voyelles sont situées à l'intérieur d'une sorte de triangle appelé triangle vocalique, dont les extrémités sont le /*i*/, le /a/ et le /*ou*/ (fig. X.18). Les trois voyelles extrêmes du triangle peuvent être caractérisées, comme ici, par deux formants, mais peuvent aussi être dites par un seul formant ou deux formants accolés : le /*i*/ dans l'aigu (vers 2 800-3 000 Hz), le /a/ vers 1 000 Hz, le /*ou*/ dans le grave, en dessous de 400 Hz [1]. Un troisième formant peut également jouer un rôle dans la différenciation vocalique (fig. X.20).

La langue française compte 16 sons-voyelles. Vous en trouverez le tableau p. 41.

La plupart des Français ne distinguent pas le /a/ du /*â*/, ni le /*in*/ du /*un*/, et ces distinctions tendent à disparaître de la langue, ce qui la ramènerait à 14 voyelles. La distinction du /a/ et du /*a*/ est extrêmement flottante, ainsi que celle du /*e*/ et du /*eu*/ et l'on peut se faire comprendre en français avec seulement 12 voyelles [2]. Beaucoup de gens ne font guère la distinction entre le /*o*/ et le /*ɔ*/, ni entre le /*é*/ et le /*è*/, ce qui nous ramènerait à 10 sons-voyelles.

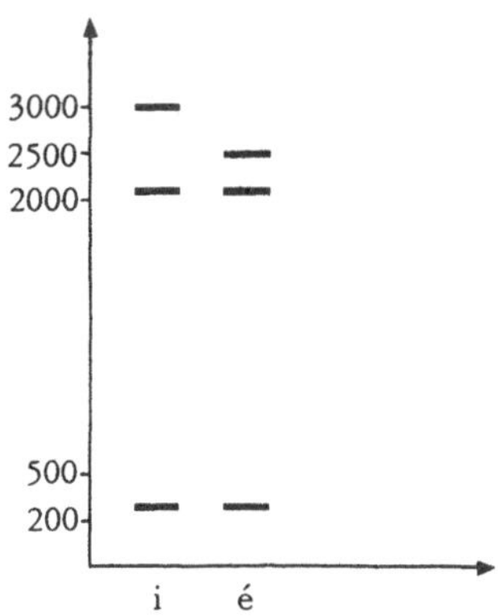

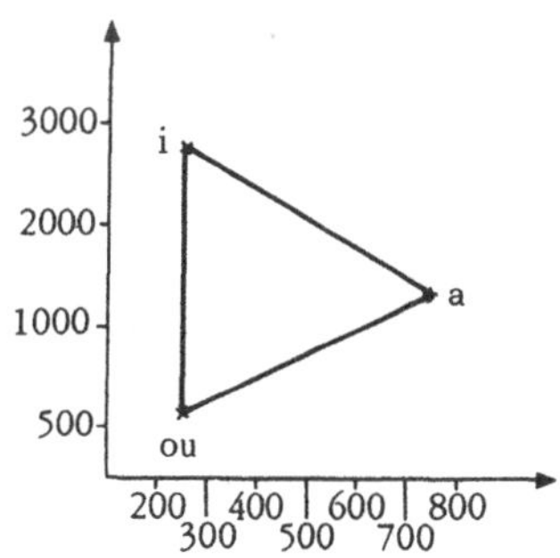

Figure X.18 et 19

1. Borel-Maisonny, *op. cit.*, p. 67.
2. Cf. J. S. Liénard et M. Castellengo dans *G.A.M.*, n° 22 *bis* et 53.

Personnellement, je pense que toute suppression de voyelle est un appauvrissement de la langue française et que, si l'on veut parler en public, il faut s'entraîner sur les 16 sons-voyelles.

Ceci n'empêche pas une certaine liberté concrète dans les sons dont la prononciation est contestée, comme certains */â/*, ou certains *oi*. Quand vous voulez du foie de veau, prononcez-vous */fwa/* ou */fw* a/? Dites-vous poids */pwa/* ou */pw* a/*?*

Je pense également qu'il faudrait sauvegarder, et même revaloriser les prononciations particulières à certains pays; pas seulement l'accent « cha'nta'nt » du Midi, mais aussi le parler bourguignon, avec son R caractéristique, ou le */è/* diphtongué en */aè/* des Canadiens français.

b) *Définition physiologique.*

Les formants vocaliques dépendent des dimensions relatives des différentes parties du tube vocal : pharynx, bouche, lèvres (et voile du palais-cavités nasales pour les nasales).

On a supposé que les deux formants principaux correspondaient aux deux résonateurs de l'appareil phonatoire, le pharynx et la bouche (fig. X.20). Cette vue n'est pas fausse mais seulement approximative.

Si l'on ne tient compte que de deux formants vocaliques, il semble, en effet, que l'agrandissement du pharynx « engrave » le formant grave tandis que la remontée de la langue et sa projection vers l'avant font monter le formant aigu en rapetissant la cavité de l'avant-bouche.

D'une façon assez générale, l'ouverture de la mâchoire au niveau des dents renforce les harmoniques moyennement aiguës tandis que l'avancée des lèvres, en allongeant le tube vocal, tend à assombrir le son.

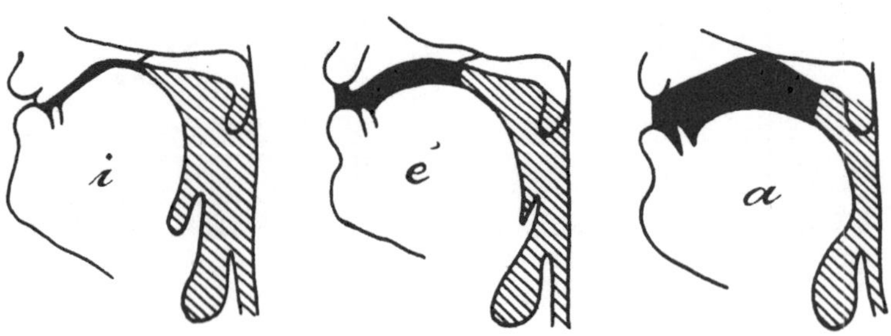

Figure X.20

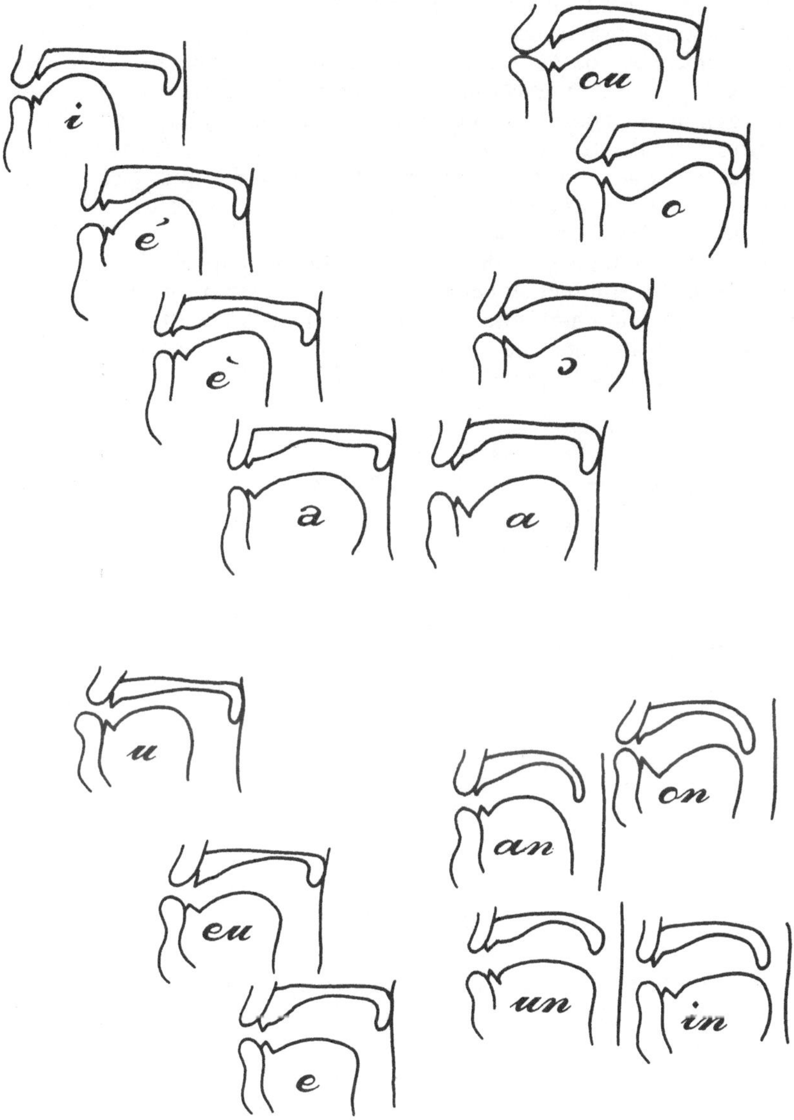

Figure X.21

Les importants travaux de ciné-radiographie effectués par l'Institut de phonétique de Strasbourg nous permettent aujourd'hui d'avoir une vue d'ensemble de la forme articulatoire des voyelles françaises (fig. X.21). Il ne s'agit pas d'une vue à prétention normative. Ce sont des exemples articulatoires de quelques Français ayant une prononciation normale, mais en réalité il y a une latitude articulatoire encore plus grande que la latitude formantique à cause des multiples combinatoires possibles entre le larynx, le pharynx, le voile du palais, la langue, les mâchoires, les lèvres.

Par exemple, dans le */i/* de la figure 20, la mâchoire est assez fermée mais les lèvres sont détendues et même légèrement avancées, le larynx semble en position moyenne. Figure X.21, la mâchoire est ouverte mais projetée en avant dans une sorte de prognatisme; les lèvres sont serrées. Voici encore trois */i/* possibles (fig. X.22).

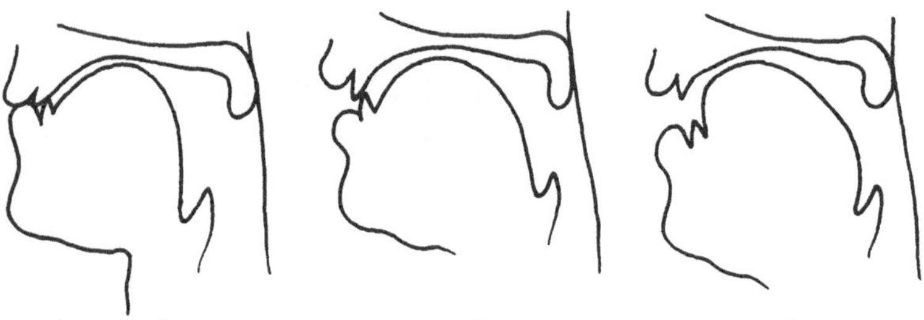

1 2 3

Figure X.22

2. LES CONSONNES

La structure acoustique des consonnes se révèle être, à l'analyse-extrêmement complexe. Certaines consonnes sont relativement *conti, nues :* elles sont caractérisées par un bruit de frottement (d'où leur nom de *fricatives*) dû à un rétrécissement du passage de l'air, lequel provoque un bruit blanc plus ou moins aigu (cf. fig. X.5). D'autres, au contraire, sont *momentanées :* elles supposent une occlusion complète suivie d'une ouverture brusque, d'où leur nom d'*occlusives*. Les occlusives sont caractérisées par un silence suivi d'un bruit d'explosion (longue strie verticale) et par la durée et la hauteur du bruit et de la transition qu'elles ont avec les voyelles qui les suivent.

Dans chaque catégorie, les consonnes peuvent être sourdes (sans vibration laryngée) ou sonores (avec vibration laryngée). D'où le tableau ci-dessous qui oppose une à une les sourdes et les sonores (*g* est le *g* dur de gai).

	fricatives (continues)			occlusives (momentanées)		
	aigu	*moyen*	*grave*	*aigu*	*moyen*	*grave*
Sourdes	s	ch	f	p	k	t
Sonores	z	j	v	b	g	d

Les *consonnes nasales* sont intermédiaires entre ces deux catégories. Elles sont produites par un son laryngé continu (1re phase : bourdonnement pendant lequel, le voile du palais étant baissé, l'air passe par le nez) suivi d'une explosion.

Figure X.23 vous pouvez voir l'analyse au sonographe [1] du nom Massy-Palaiseau. Les harmoniques du */m/* (avec un petit formant vers 2 000); le /a/ avec ses formants à 550 Hz, 1 300-1 600 Hz, 2 400-2 800) Hz; le */s/*, consonne continue avec son bruit blanc au-dessus de 4 000 Hz; le */i/* avec ses formants à 170-340, 1 870 et 2 700-3 400; l'éclatement du */p/* vient après une longue occlusion silencieuse; le deuxième /a/ a les mêmes caractéristiques que le premier; le */l/* est nettement voisé : les raies harmoniques se poursuivent tout le long de sa prononciation; le */è/* a des formants à 450, 1 800 et 3 000-3 200; le */z/* est nettement voisé, et le */o/* final présente des formants à 100-400 Hz, 700-800 Hz et 2 100-2 200 Hz (ceci, du moins, pour cette voix d'homme).

Le français emploie encore trois sons appelés *semi-voyelles* ou *semi-consonnes* parce qu'ils sont intermédiaires entre les voyelles et les consonnes. Le */y/* de yeux, yoyo, pied, noyer, est constitué par une sorte de glissement continu qui passe très brièvement par un

1. Les sonographes reproduits ici ont été pris par Mlle Castellengo au Groupe d'acoustique musical de l'université de Paris VII. Je tiens à la remercier ici, ainsi que M. Leipp, de leur aimable collaboration.

son voisin de /*i*/. De même le /*u*/ de fuite est une sorte de glissement sur /*u*/ et le /*w*/ de oui /*wi*/ ou de oie /*wa*/ une sorte de passage rapide par /*ou*/. Ces deux demi-voyelles, comme les voyelles correspondantes, demandent une avancée des lèvres.

3. LES UNITÉS ARTICULATOIRES LA CHAINE PARLÉE

La parole n'est pas constituée par une suite de consonnes et de voyelles. Quand je dis « tas », je ne prononce pas /*t*/ + /*a*/, mais /*t*/ + « quelque chose » + /*a*/, je mets une transition entre /*t*/ et /*a*/. Comme les transitions dépendent de la consonne et de la voyelle, l'unité phonétique minima, ou logatome, est faite de la réunion deux par deux des voyelles et des consonnes : /*ab*/, /*ba*/, /a*b*/, /*b*a/, etc.

Une étude passionnante effectuée par Mme Borel-Maisonny avec un analyseur tomographique permet de mieux comprendre comment est faite *la chaîne parlée* [1]. Pour en donner un bref exemple, quelqu'un avait dit « avec grosse clématite », mais l'analyse « atomique » des sons révéla qu'il avait employé la chaîne suivante : /*a*/ - /*a*/ qui se ferme — son intermédiaire entre /*b*/ et /*v*/ - /*ve*/ - /*è*/ - /*è*/ qui se ferme — *g* - *go* — *gro* — etc.

4. L'INTONATION

Nous avons vu que les voyelles, sons avec des harmoniques, ont une hauteur musicale. Ainsi, nous parlons à différentes hauteurs, nos phrases, comme des mélodies, décrivent des courbes musicales. C'est ce qu'on appelle l'intonation au sens strict.

Je ne puis développer ici cette question extrêmement complexe, mais je dois insister sur le fait que l'expressivité de votre voix dépend en grande partie de votre pouvoir de varier les hauteurs des sons; si vous n'êtes pas capable de varier la hauteur sonore de vos sons, dans l'aigu et dans le grave, et ne pouvez parler que sur deux ou trois tons, votre voix sera nécessairement monotone.

1. Philips, *Audiométrie*, n° 21, 1964.

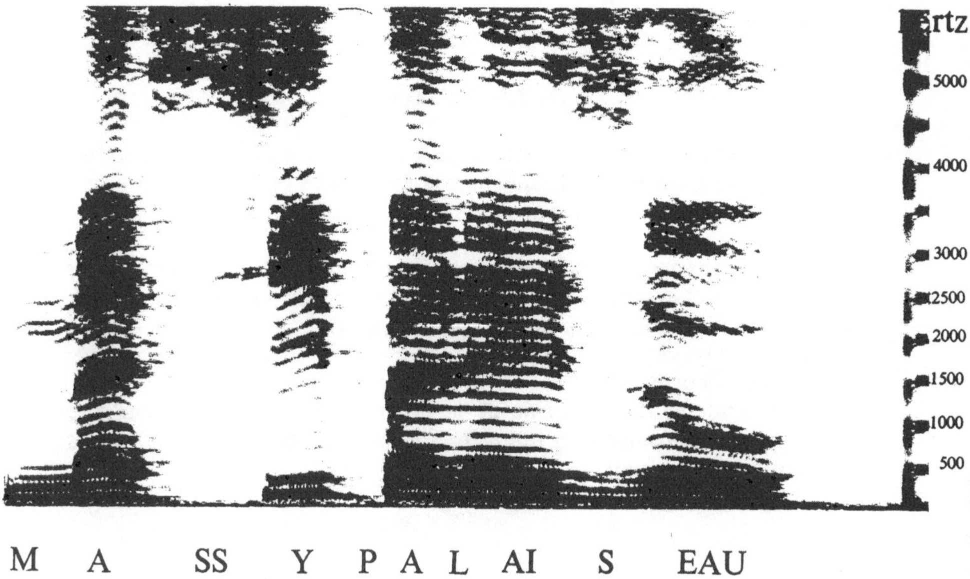

voix d'homme
voix de femme

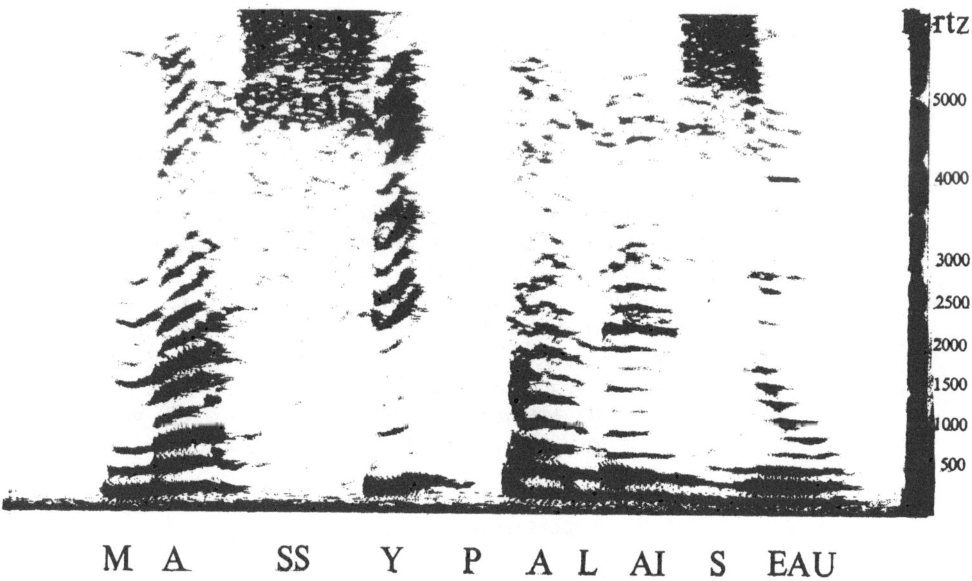

Figure X.23

5. LE RYTHME

Un autre élément de variation, de « non-monotonie » est introduit par le rythme que vous donnez à vos phrases.

Ce rythme est donné par les variations de durée que l'on peut donner :

1. Aux consonnes (les fricatives peuvent être plus ou moins longues ou brèves, les occlusives sont quasi instantanées mais on peut raccourcir ou allonger leur phase de préparation);
2. Aux voyelles;
3. Aux silences.

Il y a également les *accents* de la langue, accents qui peuvent être faits par des variations d'intensité, des variations de durée ou des variations de hauteur.

D. Un phénomène évolutif

1. PEUT-ON CHANGER SA VOIX?

Si notre vie est aussi profondément liée à notre processus d'individuation, si « ma voix » est, au cours de mon être personnel, « plus moi-même que moi », cette réalité transcendante par laquelle je suis unifié comme homme, on comprend que chacun de nous tienne profondément à sa voix.

Nul ne peut désirer changer de voix. Mais vouloir la garder, la conserver telle qu'elle est, n'est-ce pas, comme dans la parabole évangélique du trésor enfoui dans le champ, le plus sûr moyen de la perdre?

La croyance populaire considère volontiers la voix comme une structure objective donnée une fois pour toutes; comme la taille du corps et la couleur des yeux, c'est une donnée de nature que l'on ne peut guère changer. On dira d'un tel qu'il est « doué d'une belle voix » et, de cette autre, « la pauvre, quelle malchance d'avoir une si vilaine voix »! Cette conception, absolument fausse, nous entraîne à toutes les démissions.

a) *La voix est un comportement acquis.*

Le nouveau-né est doué de l'instinct vocal particulier à l'homme : dès sa naissance, il est capable de sons harmoniques purs, de bruits, de cris. De trois à six mois, cet instinct devient instinct créateur : l'enfant invente des sons, des chants, sa propre musique. Ensuite, il cherche à reproduire ce qu'il entend (sa mère, son père, de la musique). Il va peu à peu se faire sa voix par l'imitation, par l'invention, par le jeu. La voix qu'il aura à seize ou quarante ans, comme la voix de chacun de nous, n'est pas un don du ciel mais un comportement corporel acquis.

b) *On peut changer sa voix.*

Notre voix fonctionne comme un instrument de musique. Or, tous les musiciens le savent, la qualité du son d'un artiste, mettons un violoniste, dépend à 80 % de son jeu : un bon artiste saura tirer de beaux sons d'un violon médiocre, un mauvais artiste ne pourra que faire grincer un Stradivarius. Ainsi de votre voix : vous pouvez apprendre à en mieux jouer.

c) *Mais la voix n'est pas un instrument ordinaire.*

Ici, le corps de l'instrument est notre propre corps. Or, le corps humain est incroyablement plastique. Vous ne pouvez guère changer l'essentiel de votre squelette, mais vous pouvez agrandir votre cage thoracique, développer les muscles de la respiration et du larynx, et surtout changer les dimensions de vos résonateurs, par descente du larynx, ouverture du pharynx, etc. Par le travail vocal, non seulement vous allez régler un meilleur « comportement vocal », non seulement les muscles de votre appareil vocal, comme les doigts du pianiste ou du violoniste, sauront mieux ce qu'ils ont à faire pour obtenir tel ou tel type de son, mais aussi vous allez, petit à petit, changer les conditions de fonctionnement de l'instrument et l'instrument lui-même.

Ce ne sera pas sans labeur ni sans résistance de votre corps et de certaines instances de votre inconscient.

2. LIMITES PSYCHOLOGIQUES DU CHANGEMENT VOCAL

Il y a maintenant plus de trente ans que je travaille ma voix, plus de dix ans que je fais travailler la voix, individuellement ou en groupes, à des professionnels ou futurs professionnels de la voix (comédiens, orateurs, chanteurs), ou à des gens qui ne sont pas heureux de leur voix et désirent la changer, ou même à des gens qui simplement trouvent dans le travail vocal une aide à leur vie, à leur équilibre psychique. J'ai pu observer plusieurs centaines de cas et je peux l'affirmer : quel que soit votre âge, quelle que soit votre condition physique ou vocale, vous pouvez changer considérablement votre voix.

Pour y parvenir, il vous faut essentiellement le désir; et que ce désir s'accomplisse en sa double instance somatique et psychique, c'est-à-dire que vous accomplissiez un travail effectif sur votre corps (l'objet de ce livre est de vous y aider) et que vous acceptiez, en vous-même, de « changer ». C'est pour moi un fait : au début du travail de la voix, tout le monde, ou presque, progresse. Mais ensuite, pour que la voix vraiment change, cela demande que vous acceptiez que « quelque chose » en vous change.

Le cas du père L. est un cas type de ce lien entre changement vocal et changement psychique. Père jésuite : « Il était venu me voir parce qu'il se trouvait avoir pour la première fois (à 48 ans) une responsabilité paroissiale. Il fallait qu'il prêche, il voulait chanter la messe : or, il avait une vilaine voix et il chantait faux : est-ce que cela pouvait s'arranger? C'était la première fois que j'avais un 'client' de cet âge, et je ne pus lui garantir le résultat, mais nous décidâmes néanmoins d'essayer. Après deux mois de travail, il commença à dégager une belle voix de baryton, ' juste ' sur plus d'une octave, et tous les espoirs semblaient permis.

« C'est alors que commencèrent les ennuis : il se décommandait, il oubliait ses rendez-vous... Finalement, après trois semaines de flottement, je lui demandai d'arrêter pendant une semaine, et de décider alors s'il voulait vraiment continuer ou non. Il revint, et son changement physique était considérable : il soignait sa tenue, mettant de jolies cravates... Sa voix continua à se développer, devint même très belle et, trois mois plus tard, il chantait sa messe et prêchait avec la belle voix grave qui était devenue sienne.

« Nous eûmes ensuite une conversation qui montrait qu'il avait parfaitement compris et assumé le processus psychologique déclenché. Il était arrivé avec une voix ' vilaine ' parce que coincée au niveau du larynx et serrée au niveau buccal. Il se servait mal d'une cage thoracique superbe, ne respirait qu'avec le haut de son thorax, et il n'utilisait que les résonances aiguës de son timbre, ce qui donnait à sa voix un aspect ambigu, peu affirmé, coincé, qui est l'apanage de bien des intellectuels. Il était en somme un cas type d'une voix, et donc d'un psychisme, mal intégré dans son corps. La réintégration corporelle liée au travail de la voix avait déclenché un processus de crise, crise déjà amorcée, d'ailleurs, car il était, avant son arrivée au Laboratoire-École de la Voix, en proie à une petite dépression nerveuse. Le travail vocal lui aura permis de conquérir sa voix et de résoudre un certain conflit à l'intérieur de lui-même.

« On peut dire que le travail de la voix provoque presque toujours un changement psychologique visible, comme s'il obligeait les êtres à se déterminer davantage [1]. »

C'est dire que si changer sa voix est toujours techniquement possible, les limites de ce changement tiennent profondément à vous : à votre capacité de travail, à votre capacité de changement, au rapport que votre voix établit avec le sens que prend la vie en vous.

3. OUBLIER SA VOIX

Le but du travail vocal n'est pas la maîtrise technique. Vous pouvez avoir conquis, à force de travail, une voix techniquement belle, et être l'homme le plus emmerdant du monde. Le seul but digne de l'homme, c'est de donner sa liberté à votre voix; qu'elle ne soit plus entravée par vos impuissances ni dirigée comme un instrument de puissance, par la volonté de votre sur-moi qui la veut telle ou telle, mais qu'elle se gouverne d'elle-même, qu'elle vous soit si bien inviscérée qu'elle se crée spontanément selon ce que vous désirez exprimer, selon ce qui, profondément, vous anime.

Pour parvenir à ce changement vocal que vous désirez, pour avancer vers cette voix qui sera votre voix, j'ai choisi un type de travail que j'appellerai « technique ». Mais, je vous le rappelle en cours de route, la technique n'est qu'un chemin. Vous n'arriverez jamais au but si vous « n'oubliez » en quelque sorte et le but, et le chemin.

E. L'énigme de la voix

Nous avons considéré jusqu'ici la voix sous son aspect le plus matériel, le plus concret, celui où nous l'atteignons le plus facilement, celui aussi par lequel nous allons pouvoir travailler cette voix, avoir prise sur elle. Mais il ne faut pas se payer de mots : la voix est beaucoup plus que cette matérialité vocale, la parole est beaucoup plus que la simple articulation du langage.

La voix a créé l'homme. Cette affirmation que l'on retrouve aussi bien dans les théologies judéo-chrétiennes qu'égyptienne ou indienne, il semble de plus en plus qu'elle ait un fondement tout à fait réaliste :

1. L. J. Rondeleux, *Réflexions sur le travail de la voix*, C.R.M.W., 1974.

l'espèce pré-humaine qui est devenue l'homme n'a pu faire le saut de l'humanisation que grâce à sa voix. La voix a permis le langage. Le langage a fait l'homme.

La voix *est* la conscience, dit fortement Derrida. « L'histoire de la conscience est inséparable de l'histoire de la voix [1] », mais la voix est aussi la trame inconsciente du sujet qui parle; à chaque instant, « elle réactualise dans la parole du sujet la totalité de son histoire [2] ».

Le rôle de la voix dans le « devenir homme » de l'homme a été particulièrement vécu par la tradition religieuse de l'Inde pour qui la vie et la voix sont le déploiement de l'énergie du son. Ceci est particulièrement sensible dans les Mantra, comme le célèbre Aum, énergie phonique par laquelle la voix devient chemin de déploiement, en l'homme, de l'énergie cosmique et de résorption de cette énergie dans la vitalité universelle.

Je ne puis insister ici sur tous les « autres aspects » de la voix. Je veux seulement, pour terminer, vous raconter une histoire vécue qui est restée pour moi le symbole de la mystérieuse puissance de la voix.

Il y a quatre ans, une dame me téléphone pour me demander si je pensais pouvoir faire quelque chose pour son fils qui voulait entrer dans une administration et n'y était pas accepté parce qu'il avait une trop mauvaise voix. Nous prenons rendez-vous. On sonne, et je me trouve devant un homme sans âge bien défini (il avait vingt-cinq ans et en paraissait quarante), avec les pieds en dedans, les épaules rentrées et les yeux baissés; la voix était presque inaudible et la parole était une espèce de bafouillage très difficilement compréhensible; il ressemblait à l'image de ce qu'on aurait appelé il y a cent ans un idiot congénital. J'hésitais à le prendre, pensant qu'il lui faudrait plutôt un psychiatre ou psychanalyste (il en avait vu, d'ailleurs, comme il me l'apprendra plus tard). Finalement, sentant chez lui, enfoui sous l'apparence, une sorte de désir de vivre, j'acceptais de le faire travailler sous deux conditions : qu'il travaille avec moi trois fois par semaine, et qu'il travaille seul tous les jours. Je vous passe le récit de ses séances de travail : elles ressemblaient pas mal à ce que vous pourrez faire avec ce livre; la difficulté fut particulièrement grande avec lui parce qu'il n'avait qu'un très mauvais contrôle corporel et chantait, comme il disait, complètement faux. Qu'importe, au bout de quinze jours le souffle fonctionnait mieux, au bout de trois semaines, il chantonnait dans le ton sur une octave et, dans le courant de la quatrième semaine, je reçus successivement des coups de téléphone

1. J. Derrida, *La Voix et le Phénomène*, PUF.
2. D. Vasse, *op. cit.*

de son père et de sa mère qui me demandaient ce que j'avais fait à leur fils: ils ne le reconnaissaient plus.

A la fin du premier mois, effectivement, il apparaissait comme un homme dans la bonne moyenne des hommes. Il se tenait droit, il vous regardait en face, il avait une voix, pas pour faire un comédien de théâtre, mais bien assez pour un employé de bureau. Il continua à venir chez moi pendant un mois pour affermir ses progrès et, pendant ce mois, il commença à travailler et quitta sa famille pour prendre un petit logement indépendant. Peu après, il se fiançait.

Le changement effectué sur cet homme par le travail de sa voix me fit un effet extraordinaire et depuis je n'ai cessé de me poser le problème de l'énigme de la voix. Quelle est donc cette « matière » extraordinaire que je manipule pour qu'elle puisse ainsi transformer un homme?

Je ne veux pas dire que le travail de la voix produise toujours cet effet miraculeux, puisque je n'ai jamais vu le travail vocal produire un effet aussi rapide et fort. Mais ce dont je puis témoigner c'est que le travail de la voix, surtout en ses débuts, a toujours une action sur l'organisation psychique.

Mon expérience rejoint ici celle dont témoigne Denis Vasse : « La voix est l'articulation fondamentale de la structure humaine — Sans la voix, témoin du désir de l'autre et opératrice de structure, il n'y a ni réel ni imaginaire — Quand la voix se perd, la réalité humaine s'évanouit dans la folie — C'est par la voix que le conscient s'ouvre à l'inconscient, et l'homme à lui-même et à l'Autre. »

Bibliographie

Il n'existe pas, en français, de livre récent sur le fonctionnement de la voix. Le meilleur est le *Traité pratique de phonologie et de phoniatrie*, de J. Tarneaud et S. Borel-Maisonny, Maloine, 1941.

Vous trouverez des données intéressantes dans :

Borel-Maisonny S., *Perception et Éducation*, Delachaux et Niestlé, 1969. (Un grand chapitre remarquable sur la phonétique de la parole.)

Leipp E., *Acoustique et Musique*, Masson, 1971. (Un chapitre trop bref sur l'appareil phonatoire humain.)

Tomatis A., *L'Oreille et le Langage*, Ed. du Seuil, 1963.

POUR L'ASPECT PHONÉTIQUE

Carton F., *Introduction à la phonétique du français*, Bordas, 1974.

Malmberg B., *La Phonétique*, PUF, 1958. Remarquable bien qu'un peu ancien.

POUR LES « AUTRES ASPECTS » DE LA VOIX

Vasse D., *L'Ombilic et la Voix*, Ed. du Seuil, 1974. Un livre capital.

Padoux A., *Recherches sur la symbolique et l'énergie de la parole dans certains textes tantriques*, Institut de civilisations indiennes, Paris, 2e éd., 1975.

Bernard M., *L'Expressivité du corps*, Ed. Delarge, 1976.

Deux grosses thèses pleines d'aperçus passionnants. Vous trouverez toutes les références sur les « autres aspects » de la voix dans le livre de M. Bernard, chap. v : « La voix, structure "cruciale" et lieu équivoque ».

Je renvoie parfois à quelques articles que j'ai écrits dans :

— *La Recherche*, nº 48, septembre 1974.

— C.R.M.W. (Centre de recherche musical de Wallonie, 3 rue Forgeur, 4 000 Liège).

J'aimerais beaucoup savoir comment vous avez pu « travailler » votre voix avec ce livre, comment vous avez ressenti ce travail, son effet sur votre voix et sur vous-même. Je serai très reconnaissant à ceux qui prendraient la peine de m'écrire aux *Éditions du Seuil*, *27 rue Jacob*, *75006*.

Table

I. *Première semaine*

A. Conseils pratiques pour le travail de votre voix 9
B. Premier jour de travail 10
I. 1. Prise de conscience de votre fonctionnement respiratoire-vocal 11
I. 2. Décontraction corporelle et respiratoire abdominale 13
I. 3. Inspiration avec le ventre et le thorax 15
I. 4. Respiration abdominale debout 16
I. 5. Vers une respiration abdominale habituelle 17
C. Séances 2 à 5 18
I. 6. Couché sur le dos, respiration abdominale volontaire 19
I. 7. Exercice préparatoire à l'inspiration 20
I. 8. Couché sur le dos. Inspiration du ventre puis du thorax 21
I. 9. Respiration globale 22
I. 10. Debout. Respiration abdominale 23
I. 11. Debout. Inspiration du ventre et du thorax 23
I. 12. Debout. Respiration globale 23
I. 13. Détente de la mâchoire, bouche ouverte 24
I. 14. Détente de la mâchoire avec fermeture des lèvres 26
I. 15. Une sorte de mugissement gourmand 26
I. 16. Mugissement véritable 27
I. 17. Exercices d'appels 27

II. *Deuxième semaine*

II. 1. Couché sur le dos. Respiration du ventre 30
II. 2. Couché sur le dos. Grande inspiration lente 30
II. 3. Couché sur le dos. Allongement de l'expiration sonore 31
II. 4. Prise de conscience corporelle de l'action diaphragmatique 33
II. 5. Couché sur le ventre. Respiration du dos 35
II. 6. Debout. Respiration du ventre 36
II. 7. Debout. Allonger l'expiration sonore 36
II. 8. Bâillement et ouverture de la gorge 37
II. 9. Bâillements étouffés et petits mugissements 37
II. 10. Mâchoire gâteuse et sons sur */ble/* 38
II. 11. Travail de la voyelle */o/* 38
II. 12. */o/* sur *do, ré, mi* 41
II. 13. Liste Môle 42
II. 14. Souplesse de la colonne vertébrale 43

II. 15. Note à l'usage de ceux qui pensent qu'ils chantent faux ou qui ont quelques difficultés avec la hauteur musicale 44

III. *Troisième semaine*

III. 1. Couché sur le dos. Respiration du ventre 47
III. 2. Couché sur le dos. Allongement de l'expiration. Renforcement de la pression du souffle 48
III. 3. Couché sur le dos. Résistance des côtes à l'expiration 49
III. 4. Couché sur le ventre. Respiration du dos 50
III. 5. A califourchon sur une chaise. Respiration du ventre et du dos 50
III. 6. Debout. Position du judoka 52
III. 7. Respiration le dos au mur 55
III. 8. Travail des lèvres 55
III. 9. /*O*/ tenus sur *do, ré, mi* 56
III. 10. Travail de la quinte de base 57
III. 11. Sons liés 58
III. 12. Liste Môle avec impulsion abdominale 59
III. 13. Pôle-Paul-Paul-Pôle 60

IV. *Quatrième semaine*

IV. 1. Attaques du ventre et /*ch*/ avec différents rythmes 63
IV. 2. Couché sur le dos. Résistance des côtes 63
IV. 3. Debout. Tenue des côtes 63
IV. 4. Assis à califourchon sur une chaise. Respiration du dos 65
IV. 5. Assis sur une chaise. Respiration du dos 65
IV. 6. Debout. Position du judoka 66
IV. 7. Respiration « petit dos » 66
IV. 8. Travail de la langue 67
IV. 9. Travail du /*i*/ 67
IV. 10. Travail du /*i*/ sur la quinte de base 69
IV. 11. Registre aigu sur /*ou*/ 70
IV. 12. Mi. Midi 75
IV. 13. Exercices pour ceux qui n'ont que le registre aigu 76

V. *Cinquième semaine*

V. 1. Soupirs et sons tenus 79
V. 2. Ouverture du corps et « entrée en scène » 81
V. 3. Courbes sonores sur /*ou*/ avec mouvement corporel. Unification des registres 82
V. 4. Vers l'octave sur /*mi*/ et /*mou*/ 83
V. 5. Vers l'octave sur /*mou*/ 85
V. 6. Octaves descendantes 86
V. 7. Détente des muscles du cou 89
V. 8. Avancée des lèvres et détente de la gorge sur /*o*/ /*ou*/ 89
V. 9. Quintes sur /*o*/*w*/*a*/ 89

V. 10. Mots d'une syllabe en /*wa*/ 90
V. 11. Quelques phrases 91
V. 12. Bicyclette sur le dos 93
V. 13. Le petit chien 93

VI. *Sixième semaine*

A. Proposition pour l'éveil corporel-vocal 95
VI. 1. Respiration du nez 96
VI. 2. Respiration du nez *(suite)* 96
VI. 3. Ouverture des côtes dans le dos 97
VI. 4. Respiration synthétique : l'homme-sandwich 97
B. Développement de la voix 99
VI. 5. Registre aigu avec /*i*/ 99
VI. 6. Petits /*i*/ Première jonction du registre aigu et du grave 99
VI. 7. Octaves descendantes sur /*i*/ et /*o*/ 100
VI. 8. Timbrer les /*a*/ à partir de la quinte descendante 101
VI. 9. Son poids est roi 102
VI. 10. Travail du /*é*/ avec /*o*/ 102
VI. 11. Liste Oser 102
VI. 12. Les attaques 104
VI. 13. Une phrase de Bossuet 105
VI. 14. Les grandes sauces de base 106

VII. *Septième semaine*

B. Développement de la voix 107
VII. 1. Lancer une balle 108
VII. 2. Descente d'octave en sons liés 109
VII. 3. Monter l'octave 109
VII. 4. Lien horizontal /*o*/-/*i*/ 110
VII. 5. Son élargi 110
VII. 6. Arpèges en voix parlée 111
C. Logatomes 114
VII. 7. Gammes sur /*wa*/ 114
VII. 8. Mouvements contraires 114
VII. 9. Travail du /*ou*/ 115
VII. 10. Prophétie d'Ézéchiel 115

VIII. *Huitième semaine*

VIII. 1. Travail du /*e*/ et du /*è*/ 118
VIII. 2. Semi-consonnes /*y*/ et /*w*/ avec /*é*/ et /*è*/ 119
VIII. 3. Mots en /*yé*/ et /*wè*/ 119
VIII. 4. Les ondes sonores 119

VIII. 5. Phrases contradictoires 120
VIII. 6. Écrire sur un mur : Apollinaire 120
VIII. 7. Contre la peine de mort 120

IX. *Troisième mois*

A. Respiration 125
B. Appareil vocal 126
C. Le travail des sons harmoniques 130
D. Travail des unités articulatoires 135
1. Voyelles nasales 135
2. Les consonnes 136
E. Vers la voix vive 141
1. La phrase 142
2. L'intonation et le rythme 142
3. La voix vive 144
4. Autres textes 145

X. *Données élémentaires sur les aspects de la voix*

A. Un phénomène sonore 148
1. Analyse acoustique 148
2. La voix dans la durée 153
3. Les registres 154
4. Le tissu de la voix 155
5. Tessiture et fatigabilité de la voix 155
6. Intensité vocale et hauteur des sons 156
7. La personnalité vocale 157
B. La matière de la voix : le corps 158
1. Le corps comme instrument à produire des sons 158
2. Le souffle et la voix 159
3. L'appareil phonatoire 162
4. L'efficacité sonore de la vibration première 167
5. Résonances et vibrations 168
6. Le retour du son sur l'oreille, les salles 170
7. La voix vécue, sensations corporelles-vocales 170
8. Relation à l'espace directivité vocale 172
9. La voix reçue 172
C. La voix dans l'espace du langage 173
1. Les voyelles 174
2. Les consonnes 178
3. Les unités articulatoires, la chaîne parlée 180
4. L'intonation 180
5. Le rythme 182

D. Un phénomène évolutif 182
1. Peut-on changer sa voix? 182
2. Limites psychologiques du changement vocal 183
3. Oublier sa voix 185
E. L'énigme de la voix 185
Bibliographie 188

Le Seuil s'engage pour la protection de l'environnement

Ce livre a été imprimé chez un imprimeur labellisé Imprim'Vert, marque créée en partenariat avec l'Agence de l'Eau, l'ADEME (Agence de l'Environnement et de la Maîtrise de l'Énergie) et l'UNIC (Union Nationale de l'Imprimerie et de la Communication).

La marque Imprim'Vert apporte trois garanties essentielles :

- la suppression totale de l'utilisation de produits toxiques ;
- la sécurisation des stockages de produits et de déchets dangereux ;
- la collecte et le traitement des produits dangereux.

NORMANDIE ROTO IMPRESSION S.A.S. À LONRAI
DÉPÔT LÉGAL : MARS 2004. N° 63981-12 (2104452)
IMPRIMÉ EN FRANCE